编辑委员会

主　　任	王孝东
副 主 任	刘福志　张贵忠　于德斌
	卜秀均　王　珠　甘　敬
成　　员	陈立玺　孙　健　刘耀霞
	黄海燕　叶向阳

主　　编	陈立玺
执行主编	顾崇华
编　　委	胡芳静　王　楠　马一为

书名题字	欧阳中石
图片拍摄	本书拍摄组及各村庄提供
撰　　稿	肖小琴　李清云　张语宁
	宋潇旸　陈礼滟　王　招
	徐晓燕　朱瀚卿
翻　　译	杨志彪
项目统筹	胡子清
设　　计	创意源文化艺术

北京美丽乡村休闲攻略

休闲攻略

Leisure Tours to the Most Beautiful Villages in Beijing

经济日报 出版社

北京最美的乡村
The Most Beautiful Village In Beijing

"北京最美的乡村"标识释义

　　标识由"写意图案"（张逊设计）、"北京最美的乡村"（欧阳中石题字）及"The Most Beautiful Village In Beijing"（英文名称）三个部分共同构成。

　　"写意图案"以北京乡村房屋特色为实，以环形书法笔触和飞扬鲜艳花瓣为虚，形如一条绿带环绕美丽乡村，既彰显了"北京最美的乡村"外在的"生产美"和"环境美"，又透视了内在的"生活美"和"人文美"，象征着美丽乡村有力推进了全市的绿色低碳发展；整体造型勾勒出了"走出繁华大都市、发现世外新桃源"的意境。

　　标识整体以绿色、黑色为主色调，点缀以清新亮丽的桃色，沉稳之中不乏朝气，寓意融求真务实与锐意创新为一体，北京新农村将把生态文明融入发展的各方面和全过程，在建设中国特色世界城市的道路上越变越美！

　　美丽乡村橡笔妙，一方沃土砚田深。美丽乡村，不仅是新农村建设的目标，更是千百年来中国农民梦想的升级！

　　随着人们生活水平的提高和农村基础设施的改善、都市型现代农业的发展提升，市民到郊区度假休闲、体验乡村生活、提升幸福指数的"逆城市化"需求不断增强，这个过程既促进了农村发展，也推动着城乡文明的互动交融。

　　着眼首都农村发展特点，顺应新的发展趋势，由市委农工委、市农委、市旅游委、首都文明办、市文化局、市园林绿化局共同主办的"寻找'北京最美的乡村'宣传评选活动"于2006年应运而生，每年都吸引数百万市民参与其中。截至目前，已有73个村获得了"北京最美的乡村"荣誉称号。据统计，2013年国庆黄金周，只占全市行政村总数2.66%的73个"北京最美的乡村"及32个2013-2014年度候选村，共吸引了73万名游客、占乡村接待游客总数的18.7%。

　　为了满足广大市民节假日到京郊休闲体验时，对"多、快、好、省、新、准、深"的美丽乡村旅游资讯的需求，同时感谢市民朋友们一直以来对"北京最美的乡村"的关注和支持，活动组委会组织作者在亲身体验基础上，撰写了这本以"北京最美的乡村"为主题的休闲攻略。此书集实用性和可读性于一体，通过最美点睛、最好看的风景、最天然可口的饭菜、最便捷的行程、最经典的线路等板块，附以数百幅精美图片，将北京美丽乡村的自然人文景观，奉献给全市人民。读者还可以登录活动官方网站"北京美丽乡村网"（www.bjmlxc.cn）免费下载此书电子版，获得更多的关于北京美丽乡村的最新、最权威资讯。

　　莺歌燕舞，鸟语花香，姹紫嫣红，郁郁葱葱！首都新农村正以昂扬的姿态，迎接八方来客：感受蓝天、绿地，吃农家饭、呼吸新鲜空气。笔触美丽乡村，定格美好生活。寄以此书，愿广大市民携起手来共建美丽乡村，共享美好生活！

编　者

古北口村

花园村

曹家路村

石塘路村

密云县

蔡家洼村

低家台村

玻璃台村

老泉口村

挂甲峪村

隐窝村

将军关村

柳庄户村

黄草洼村

良山村

平谷区

武疃村

大沙务村

2006年北京最美的乡村

2007年北京最美的乡村

2008年北京最美的乡村

2009年北京最美的乡村

2010年北京最美的乡村

2011年—2012年北京最美的乡村

目 录
Contents

门头沟区 Mentougou District

房山区 Fangshan District

通州区 *Tongzhou District*

顺义区 *Shunyi District*

密云县 Miyun District

延庆县 Huairou District

附录 *Appendix*

北京 美丽乡村休闲攻略
朝阳区

北京最美的乡村
The Most Beautiful Village In Beijing

- 明清古韵引宾朋——高碑店村

- 京城东南新篁街——吕家营村

- 中外合璧筑新村——何各庄村

- 首都传媒新高地——高井村

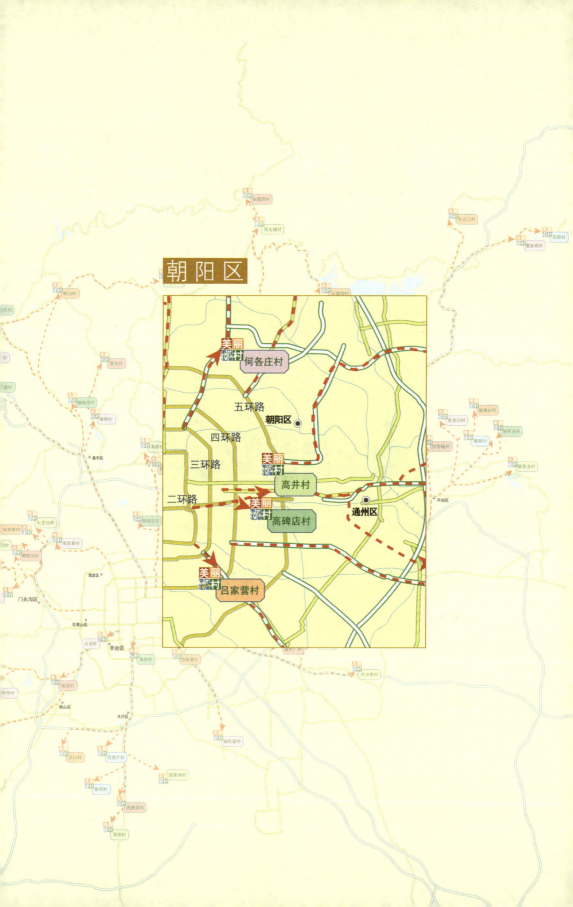

朝阳区

明清古韵引宾朋 高碑店村
（朝阳区高碑店乡）

 最美点"睛"

　　古韵悠然的高碑店，是京郊最有名的古村落之一，有着千年的历史。曾经，它叫"高蜜店"，古时先民依水而居，公元960年已成村，当时是清朝皇粮漕运中转站所在地，曾盛极一时。如今，古运河穿村而过，灵动而秀美，被誉为"运河源头第一村"。

　　高碑店是离天安门最近的村，距市中心仅8公里。如今的高碑店是一个具有古朴历史和独特产业的现代旅游村。这里有历史遗迹如平津古闸遗址、龙王庙、鲁班祠及精致的古典家具街，还有中国民间艺术体验馆和民俗园古石雕中心等，是民俗古村的典范。民俗，是它独特的亮点。

　　从市中心沿着长安街向东，一出四环，是梦幻般的江南水乡风情画，清澈的湖面波光点点，葱茏的树木与岸边明清式的小楼相应成趣。古老的平津闸、悠闲的垂钓人和树丛间隐约的石雕，便构成了这一幅动静相宜的画卷。

最佳攻略

◆ **最吸引人的活动**

高碑店古典家具文化节（秋季）

精品家具展销、民俗手工艺展示、木雕大赛、摄影展、鉴宝、知识讲座等应有尽有。

中国民间艺术体验馆

国内首家以非物质文化遗产项目为主题的文化艺术体验馆，不但能欣赏京剧脸谱、风筝、木版年画、传统木雕等具有代表性的传统文化元素作品，还能和艺术大师零距离接触。

◆ **最美的季节**

通惠河畔柳树低垂，各种灌木植物花团锦簇，这是春；房前屋后的枣树、石榴、柿子树就成了蝉儿的家，家具街两侧的店铺中隐隐飘出檀木的清香，这是夏；道路两侧的银杏树金黄一片，门楼红黑相间的家具街上，引人向往的一年一度的古典家具文化节正在举行，这是秋；欣赏"茶艺"，买个"香包"，剪个"剪纸"，这是冬。

◆ **最好看的风景**

悠长的古典家具一条街上，鳞次栉比的异域风情的古旧家具店铺、古玩杂项铺不禁勾起游人淘宝捡漏的兴趣，抚摸着古老太师椅，把玩着各种老物件，是何等的惬意！

村南的华声天桥文化园里的花鸟鱼虫、民俗园的古石雕也是京城独具特色的去处，再走进励志堂——中国科举匾额博物馆，中国1300年的科举历史，让人深深地被华夏悠久文明的神韵和魅力所折服。

北京美丽乡村休闲攻略

1. 高碑店村史博物馆（西区新村）　☎ 85755601
2. 励志堂科举匾额博物馆（南文化区）　☎ 87739693
3. 华声天桥文化园（南文化区）　☎ 87739776
4. 中国民俗手工艺体验馆（家具街）　☎ 85758657

◆ 最天然可口的饭菜

　　高碑店国际民俗接待户的餐饮预订由高碑店旅游公司统一安排。

☎ 咨询电话：85755557 / 85772668

推荐餐厅：

大酒缸老北京菜馆　☎ 87739186
石磨房酒楼　☎ 87739270

◆ 最乡土的特产

　　高碑店是一个供欣赏和选购中国古典家具、古玩杂项、家居饰品、木雕、根雕、石雕、瓷器和漆器等的好去处，而异域风情的家具、配饰等更会带来不一样的收获。

◆ 最舒适的住宿

　　高碑店国际民俗接待户的住宿预订由高碑店旅游公司统一安排。

☎ 咨询电话：85755557 / 85772668

推荐住宿：华膳园温泉饭店

　　古典庭院、亭台楼阁、古筝奇石、名家书画，犹如置身浓郁的中华传统文化氛围。在功能设计上，集客房、餐饮、会议、休闲、娱乐、养生和健身为一体。

☎ 电话：87739999

◆ 最便捷的行程

🚌 公交：公交312、397、475、506、666、728路到高碑店桥东，或地铁八通线 高碑店站下车出A口，红绿灯路口向南直行即到。

🚌 自驾：京通快速高碑店出口，红绿灯处向南直行即进入高碑店。

☎ 旅游咨询电话：85772668／85772886

◆ 最动人的故事

通惠由来：古老的通惠河具有深厚的历史文化底蕴。史料记载公元1291督水监郭守敬奉诏兴举水利，告成于三十年秋，赐名为通惠，村内的平津闸是北京市现保存较完好的漕运遗址，旧时是由南方经漕运进京的官员和货物必到此处。

◆ 最经典的线路

（北线）古村寻根游——（中轴）古家具文化购物游 ——（南线）特色民俗文化产业游

北京美丽乡村休闲攻略

京城东南新篮街 吕家营村

（朝阳区十八里店乡）

最美点"睛"

　　吕家营的村容就是一幅美艳的图画：灰色的民居平房在绿树鲜花的衬托下，尽显古朴端雅，又不失诗情恬适。走进吕营嘉园小区，则能看到典雅纯朴的楼台亭阁、碧水荡漾的喷泉，弯弯曲曲的小径掩映在翠柳成荫下，别有洞天、情趣盎然。大路小道，有绿荫低垂，鲜花竞放，更显几分田园风情。环境靓丽的吕家营，就像一颗璀璨的明珠，镶嵌在京城的东南，为北京这座城市，增添着美的景致。

　　来此的人，大多数是冲着古家具而来的，据说英国地图上不会标记北京的朝阳区的位置，但是会标注北京的吕家营，古家具有着全球性的影响。

　　这里香飘四溢的餐饮文化街早已经是誉满京城了。

最佳攻略

◆ **最吸引人的活动**

　　元汉堂家具有限公司专门经营仿明清古家具，常有收藏家、书画家、演艺界人士常来光顾，演员李丁、单田芳、李金斗，画家邵葛都曾登过门。

　　古盛发古典家具市场，仿明清古典硬木家具，材质大多为红酸枝、黄花梨、大小叶紫檀。从皇宫用的睡榻到坊间用的木桌椅，全都似雕梁画栋一般，透着浓厚的历史积淀感。

◆ **最好看的风景**

饮食文化街

　　28家餐饮企业囊括了不同风味的菜系和特色小吃，川、鲁、湘、淮、粤系菜应有尽有。

古旧家具市场

　　300多家商户集聚在市场大院，在这里可以看到各种各样、不同时期的古旧家具——喂马的槽子、镇宅的石兽，斑驳陆离的木门板，置身其中宛如徜徉于历史的走廊，在欣赏着一幅古画作。

◆ **最天然可口的饭菜**

大清花

　　既有满清时期"满汉全席"遗留下来的四十余种特色蒸饺、煎饺；也有多尔衮亲王钦点的同盛金"胡家老酒"，还有"满汉全席"官府大菜及旗家菜，满族小炒、炖菜、海鲜燕鲍翅多种靓汤和品位具佳的精美小点。

大清花饺子是中国满族第一家餐饮连锁店机构，店内既有浓重的满清文化气息，又有现代时尚的元素点缀，置身其中，犹如现代皇室。内设17间包房，零点大厅（御宴阁）可容纳180人用餐，主宴会厅（乾隆厅）可承接大小型宴会，300人同时用餐，VIP豪华包房可容纳20人，餐厅可同时就餐600余人，停泊车辆百余位。

¥ 人均消费：40-50元
☎ 订餐电话：87699618 / 87699628

别有洞天狗肉火锅

精选来自河北廊坊绿色养殖基地、体重35-45公斤的农家土狗，佐以传世秘方，汤味香浓、入口不腻，有冬食大补祛寒，夏食温补解暑的功效。除狗毛之外，都可烹制出珍馐佳肴，实属真正意义的京城唯一食狗肉大全。内设大、中、小包房六间，大厅宽敞明亮、环境优雅。

¥ 人均消费30-50元　　☎ 订餐电话：87695770

◆ 最舒适的住宿

　　鸿福宫宾馆、金巢快捷酒店等宾馆，可提供住宿。

◆ 最便捷的行程

🚈 公交：513路辅路车、826路辅路车，在吕营嘉园站下即到。

🚌 自驾：走京沪高速公路，在四环方向行驶高速第一个出口下辅路，向西前行600米左右即可看到吕家营村委会办公大楼。

◆ 最经典的线路

　　一日游：
　　吕家营村饮食文化街（中心街）——吕家营村古盛发古典家具城（十八里店南桥西北角）

中外合璧筑新村

何各庄村
（朝阳区崔各庄乡）

最美点"睛"

　　何各庄既充满了现代化的气息，又洋溢着传统的氛围，它是首都机场、国际展览中心和望京高科技园区的辐射区域，但又是不乏自然肌理生态环境优美、有园林及湿地水系景观的具有老北京风格的生态艺术村落。

　　"中国艺术硅谷"———号地国际艺术园区闻名遐迩，它被划分为六大功能区，A区为园林景观中的当代艺术交流中心、国际艺术品展示交易、国际艺术机构总汇基地；B区是现代都市农业园中的艺术区；C区于湿地公园中建设中华传统文化艺术与绝学荟萃之地；D区是具有欧式建筑风格的当代艺术展示及创作中心；E区为具有田园风光的艺术区预留地；O区是集高档居住、艺术创作与配套服务业于一体的具有明清风格的庭院式艺术新村。难怪它占据着目前全国规划设计中最大的艺术产业基地的位置。

　　何各庄融进了现代西方艺术，在宁静幽远的胡同里，穿行着不同肤色的"洋村民"，而樱桃园、葡萄园和苹果园的清甜香气则令人流连忘返，这是何各庄依然保留的自己独特的气质。

最佳攻略

◆ **最吸引人的活动**

1. 书画协会：开设书法、剪纸、绘画课（每月）；迎国庆书画剪纸作品展（每年）。

2. 赛特奥莱购物，这个欧式小镇式建筑汇集了200多家国际国内顶级奢侈品品牌折扣店。

◆ **最好看的风景**

湿地公园

夏秋季节树木葱茏，是个生机盎然的、多样性的游憩空间。

一号地艺术区D区

顾长卫、叶锦添工作室等艺术机构均在此，集"艺术品制作、交易、展示，影视拍摄与后期制作，装饰设计，品牌新闻发布会，餐饮娱乐"等功能于一体。

全美樱桃园

亲近自然，品种有红灯、那翁、宾库等。

¥ 门票：160元/人

◆ **最天然可口的饭菜**

果园西餐厅

餐厅掩映在层层果树中。

菜品以意大利风味主打，配面包的是调了料的橄榄油，西西里岛的吃法。餐厅可以承办商务会议、结婚典礼、生日庆典、毕业派对、欢送会、讲座、咖啡会议、商务会议等。

¥ 人均消费：200元/位

☎ 电话：64336270

北京美丽乡村休闲攻略

懒人业余餐厅

餐厅选材讲究，用邻村走地鸡，一斤多的本地兔，口味地道。

餐厅虽小，但"五脏俱全"，且摆设独具匠心。《女人帮》《棋逢对手》《龙头》都到此选景，罗格夫人、画家王仲也曾光顾。

¥ 人均消费：120元/位
☎ 电话：64321966

◆ **最乡土的特产**

苹果、梨（夏末）、樱桃（4—10月）、有机蔬菜。

推荐：永顺华有机蔬菜采摘园采摘有机蔬菜为主，蔬菜品种齐全。

◆ **最舒适的住宿**

北京浩华宫会议服务中心

毗邻机场高速和京顺路，是集住宿、餐饮、垂钓、会议、娱乐、康体于一体的休闲度假中心。

房型有单人间、标准双人间、商务套间、小木屋。中式餐厅及包间可同时容纳数百人就餐；有会议室、多功能厅及沙地网球场、棋牌室、保健按摩室等。

☎ 电话：010-84701688

奥莱快捷酒店

毗邻一号地国际艺术区D区，与百年实验学校隔路相望。既坐拥乡村宁静幽雅的环境，又不失快捷完善的服务。

☎ 电话：010—64318062

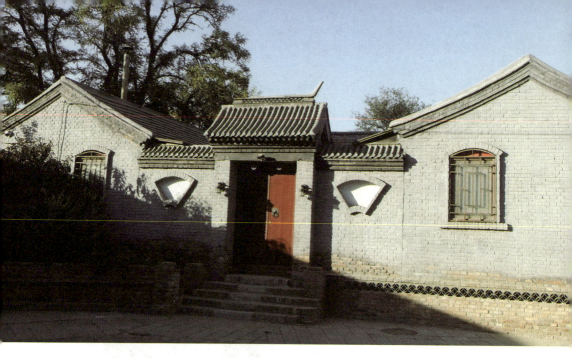

◆ 最便捷的行程

公交：944路公交何各庄（西口站）站下。

地铁：15号线马泉营站下，A口出，往北走20米，换乘944路公交。

自驾：顺白路穿村而过，直达路边标识。

◆ 最经典的线路

一日游：

北京赛特奥莱——湿地公园——红砖美术馆——特色民居改造（果园西餐厅、李唐千秋餐厅）——一号地艺术区D区——紫云轩茶事——农业主题公园——有机蔬菜采摘园——全美樱桃园

◆ 最美微评

和谐相处的国际化生态艺术村落，都市中的世外桃源。

首都传媒新高地 高井村
（朝阳区高碑店乡）

最美点"睛"

　　高井村，虽然名是村，但是早已华丽转身为首都传媒发展新高地了。它位于朝阳路两侧，与京通快速路、五环路和朝阳北路相连接，西邻CBD商圈，是典型的城乡结合部。

　　有两大极致的特色彰显出高井的与众不同：一是新气象的传媒产业区。高井村同中国传媒大学、中视东升文化传播公司一同合作，联合打造了集产学研商于一体的国际化传媒产业园。《非诚勿扰》、《职来职往》、《非你莫属》等国内一流品牌节目在这里录制；也可以看见徐克、袁和平等国际大导演忙碌的身影；当然也可以亲身体验那些精品电影的制作过程。二是白家楼。独栋式二层新居，环境优雅别致，绿树成荫、鸟语花香。别墅式的居住生活环境里，不再是日出而作日落而息的生活，而是"闲看庭前花开花落"的随意和"漫随天外云卷云舒"心情。

最佳攻略

◆ **最吸引人的活动**

　　传媒产业园区

　　高井这个现代化农村给人们带来的是不一样的感受，没有农家院，没有采摘园，但是有独一无二的产业园，在这里可以参观和预订中央电视台、北京电视台、湖南卫视等各大媒体知名栏目的录播；可以参观东亿国际传媒产业园中的中国传媒大学培训学院、MBA学院、文化产业发展研究院、新媒体研究院，了解传媒文化的发展历程和特色。

◆ **最美的季节**

　　高井四季环境优美，各有特色。
　　最佳参观时间4—10月。

◆ **最好看的风景**

　　国际传媒产业园

　　不仅环境优美而且人文深厚。在园区可以参与各大卫视知名节目的录制，感受现场氛围，了解节目录制过程，还可以感受中国传媒大学文化气息与传媒发展特色与历程。产业园全力打造花园式办公环境，游览其中，身心都得到放松。

北京美丽乡村休闲攻略

白家楼小区

这是一个绿地面积广、道路宽阔的现代化宜居新小区。在这里还可以游览村史博物馆，感受北京农村变迁的历史，参观活动中心、文化公园，看当代农民的文化新生活。

¥ 以上景点全部免费开放，参与录制节目需提前预约。

☎ 咨询电话：85766239

◆ **最天然可口的饭菜**

现代化的餐饮在高井村随处可见，价格公道。

◆ **最舒适的住宿**

高中低档的住宿皆有。

◆ 最便捷的行程

🚌 公交：411、412、433、488、615、619、639、648、731、846、运通111路在朝阳路高井站下。
地铁：乘八通线到高碑店站下车。

🚍 自驾：朝阳路由西向东，直到高井路口。

◆ 最动人的故事

　　传说高井村的名字来源于原村内一个很高的土丘上的一眼井，从井台上看水面，可以倒映出朝阳门的城楼，慢慢地，人们便"高井、高井"地叫开了。

◆ 最经典的线路

　　高井传媒文化和新农村建设一日游：
　　沿朝阳路高井站向东300米，右转进入高井传媒产业园区；沿朝阳路向东至大黄庄桥，向北1000米，进入白家楼小区。

北京 美丽乡村休闲攻略

海淀区

北京最美的乡村
The Most Beautiful Village In Beijing

- 翠屏环抱凤来仪——车耳营村

- 景观林中生态村——高里掌村

- 风光秀丽景中村——七王坟村

海淀区

五环路

海淀区

翠屏环抱凤来仪 车耳营村

（海淀区苏家坨镇）

最美点"晴"

被传说庇佑的村落

车耳营，一个奇怪的名字，一个美丽的小山村。据考证，此处曾是明朝大将戚继光将军安营扎寨的驻军地，故名"车营"，后人演变为"车耳营"。

车行进车耳营，映入眼帘的是一座戚继光的白色雕塑，整个村子的历史感跃然而生，紧接着两旁郁郁葱葱的树木、错落有致的农家小院、几人才能合抱的松柏古树、盛开的鲜花、曲折的弯路和石板台阶，构成一幅世外桃源般的山村风景，幽静而神秘，处处散发着浓郁的古朴民风。

古老的北魏石佛遗址、仙人吕祖洞、诚信关帝庙、千年迎客松、黄普院和雄伟神秘的金刚石塔，车耳营就像被传说庇佑似的，处处都是斑驳沧桑的文物古迹。清新的山野清风、漫山遍野的奇花异草，车耳营可谓是近郊的天然氧吧。这里不仅有野核桃、山杏、毛桃、板栗、桑葚等野果，还有油桃、大樱桃、玉巴达杏、富士苹果、冬枣等水果，车耳营又是一个名副其实的"花果山"。

晨曦中，附近农家鸡犬相闻，亦可见小鸟在枝头欢快唱歌；夜色中，北京城万家灯火犹如天上繁星闪烁。静观山村炊烟袅袅，仰视山间云雾缭绕。品尝着纯粹地道的农家饭菜，土柴鸡、山野菜、菜团子、贴饼子、玫瑰饼等，就着山风野景，烤羊肉串、烧烤虹鳟鱼，品尝野兔肉，把酒临风，乐不思蜀。

●●● 最佳攻略

◆ 最吸引人的活动

杏花节：3月底至4月初；樱桃鲜杏节：5月中下旬至6月初；金秋采摘节：9月中下旬至11月底；周末文化活动包括小车会、跑驴、大秧歌等民间花会。

◆ 最好看的风景

凤凰岭风景区

享有"京西小黄山"之美誉；奇山、怪石、林海、神泉为其奇妙的天然景观。

¥ 凤凰岭门票：旺季25元（4月1日至10月31日），淡季15元（11月1日至3月31日），老人60岁以上13元，70岁以上免费，1.2米以下儿童免票

☎ 电话：62455933 / 62459492

车耳营民俗村

为宗教、考古、寻幽探险、野游猎奇的胜地。黄普院、关帝庙及吕祖洞是佛、道、儒三教文化荟萃之地。它同时又是一个谜一般的地方：北魏石佛之谜，金刚石塔之谜，黄普院底层洞穴之谜……还有盛极一时的妙峰山进香"老北道"，惊险处叹为观止，幽深处心旷神怡。

¥ 黄普院、北魏石佛、金刚石塔走凤凰岭门票，其他景点免收门票

◆ 最天然可口的饭菜

牛头宴可算是一个"金字招牌"。牛头宴又叫"开大宴"，是土家族接待贵宾的盛大礼仪宴会。具体做法就是将整只牛头蒸熟后连大铁锅一起端上席，配以泡红辣椒、酸肉、蒿子粑、腊肉，客人们用刀子切割牛头上的牛肉食用，大快朵颐，喝着竹筒米酒，体验远古时期土家人打猎归来饱餐一顿的感觉。

松府好农家院

坐落在村东的主要位置，门牌17号，门口有一棵大杨树为主要标志，里面有别有洞天的3连式四合院，2005年获"十佳民俗接待户"、2007年获市级"明星接待户"称号。

特色：玫瑰花饼，香甜可口、百吃不厌，15元/张，玫瑰花从四川空运过来，在特殊时间采摘、酿造。还有正宗的四川腊肠（26元）、梅菜扣肉（26元）、米粉肉（32元）等。

🌿 联系人：付堂玉
☎ 电话：62465010 / 13521685663

仙客来农家院

在民俗村的西边，门牌68号，是一套大型的四合院。特色：贴饼子，3元/个，以薄皮大馅、多样化著称，有素的、带馅的、花椒叶的、混合的，酥软可口让人垂涎欲滴，多次被电视台、报纸报道过，赢得了很多荣誉。

🌿 联系人：李桂芳　☎ 电话：62469555 / 13520612827

吕祖洞餐厅

在民俗村西南边，传说是吕祖仙缘修炼的地方，是个道教场所，也是去妙峰山老北道其中的一个茶棚，更有北京仅存四棵之一的梧桐树。没有梧桐树招不来凤凰，餐厅的赵老板闻听这里是一块风水宝地，又可以弘扬道教文化，于是开了这家牛头宴餐厅。赵老板在选料、加工、秘制上下了很大的功夫，卤制时间达8小时，肉质酥软、香嫩可口、肥而不腻，靠着好口碑，赵老板的生意越做越火。

提醒：要是品尝牛头宴，请您提前预订。

💰 牛头宴：458元/套　　赠：凉菜8道（随季节而定）、烧饼10个、棒渣粥一盆
🌿 联系人：赵永建　　☎ 电话：62487662 / 13901206411

◆ **最乡土的特产**

1. 剪纸、手编等民俗文化，车耳营村联合区农委、旗舰集团等单位请来了老师教大家创作。

💰 剪纸价格：面议
💰 柳条+荆条混编：5—15元

2. 一年四季水果飘香，相应季节可以采摘到油桃、大樱桃、红黄白杏、葡萄、桃、苹果、冬枣、板栗等多种果品。

车耳营的樱桃、玉巴达杏享誉京城。

💰 采摘价格：5—25元，团队可优惠
☎ 联系电话：6468677

◆ 最舒适的住宿

仙客来农家院

提供28人的住宿：其中：普通房间，价格35元/床位；标准间，价格100—200元/间。（均为淡季价格）

🌐 联系人：李桂芳
☎ 联系电话：62469655 / 13520612827

松府好农家院

提供32人的住宿：客房共8间。15元/人。房屋设备：空调、电视、24小时热水、淋浴。（均为淡季价格）

🌐 联系人：付堂玉
☎ 联系电话：62465010 / 13521685663

实创科技培训中心

可接待住客220人。房间宽敞舒适，格调高雅，设有独立卫生间，16小时供应热水。

💰 房价：298—388元，节假日可优惠　　☎ 联系电话：62459811

凤凰岭山庄

位于海淀凤凰岭公园正门口；山庄内所有房间，均采用宽敞明亮的落地门窗，凤凰岭的自然风景尽收眼底。顶层露台人们白天可沐浴阳光，呼吸清新空气。内设总统套房、豪华套房、经济标准间、会议室、放映厅、棋牌室、KTV、乒乓球室。

💰 房价：500元，不优惠

◆ 最便捷的行程

🚌 公交：颐和园乘346路——凤凰岭总站下车——往下走第一个路口右转沿路标而行即到。
🚍 自驾：1. 八达岭高速北安河出口——北清路到头右转——过海淀驾校——见车耳营民俗村路标左转即到。
　　　　　2. 西三环沿圆清路——北清路——北清路到头右转——过海淀驾校——见车耳营民俗村路标即到。

◆ 最动人的故事

"车耳营"名字的来源

"车耳营"的名字源于明朝。据考证，明朝抗倭名将戚继光奉命镇守内长城时，在蓟州、昌平等地主持练兵，并在西山一带建立车营，这是戚继光军制改革的成果，也是明朝军队用新式火器装备起来的兵种，可视为近代炮兵的雏形。故而，人们将此地称为"车营"。因后人发声儿音太重，"车营"逐渐演变为"车儿营"。前辈认为不妥，几经斟酌，又遂将"儿"字换为"耳"字，"车耳营"一名由此得来。

北京美丽乡村休闲攻略

景观林中生态村 高里掌村

（海淀区温泉镇）

最美点"睛"

门球、跑竹马、踏青，如果你对这几项任意一项感兴趣，来高里掌就对了。

高里掌的门球场是北京市第一座棚顶式门球场，专业、干净，吸引了不少附近的村民，据说，这里出来的门球爱好者在北京市都响当当呢。夕阳西下，老人们打着球，阳光把他们的身影拉的很长，与绿色的塑胶草地相得益彰。

村里的特色曲目跑竹马已经有200多年历史了。"昭君出塞"的剧本相传为清代一位王爷所赐。文革时一度失传，后来村民们依靠老一代艺术家们的口传身教才使这一曲目得以传承下来。

听完余音绕梁的民腔民调，再来看看安静如处子一般的村落。说高里掌村是"坐落在公园里的村落"一点也不为过。小小的村庄南北西三面都被葱翠惹眼的景观林包裹。银杏、栾树、元宝枫正绿得惹眼，到秋天，飘落的银杏叶铺就出一段金黄的小道，踩上去咯吱咯吱响，满眼的清新。京密饮水渠从村南静静流过，村子因水而多了几分惬意与灵性。

曾经的高里掌因脏乱差被媒体曝光，如今的高里掌与绿色相伴，跟自然为邻，成了远近闻名的"北京最美的乡村"。

最佳攻略

◆ 最吸引人的活动

跑竹马

◆ 最美的季节

最美的季节是秋季，生态林炫彩多姿，或黄或红，是个赏秋的好地方。

◆ 最便捷的行程

🚍 公交：地铁4号线至颐和园北宫门，换乘公交330路，在温泉辛庄北站下车，向西走1000米即到高里掌村。

🚗 自驾：G6高速，北安河出口出，辛庄桥下左转。西行约15公里。过高里掌村北桥，左转进村。

风光秀丽景中村

七王坟村

（海淀区温泉镇）

最美点"睛"

　　海淀北边层峦叠嶂的西山群峰中，妙高峰挺拔俊秀，青松翠柏簇拥，古寺深藏，银杏耸立，山脚青砖灰瓦，村落错落有致。这个村落就是因着七王坟而得名的七王坟村。

　　七王坟即清道光帝第七个儿子醇亲王奕譞的陵墓。这个坐落在妙高峰半山腰的陵寝青山环绕、松苍柏翠。山道间树林里，各种鸟鸣唱成一片，空谷回声，幽静恬淡。清晨，伴着淡淡的薄雾拾阶而上，清新的空气、一尘不染的山路、香甜诱人的桃、杏无不令人心神俱醉。山涧里，水从石缝中溢出，似天籁如琴鸣，好一个清幽淡雅的风水宝地！

　　早在隋唐时代，独具慧眼的出家人就在这里建造了一座佛家寺院——法云寺。辽金时代，把这里辟为西山八院之一的香水院。七王坟就在此旧址上而建。

　　七王坟是非常少见的阴阳宅，即前住宅后陵寝的格局。整个墓地建筑依山势而设，由低到高，层层有序，顺着石阶拾级而上，青砖石阶，不陡不险，却让人生出仰之弥高之感。最让人感叹的是环绕宝城周围的33颗白皮松，挺拔、伟岸。陵园内古木参天，幽静秀美，据说也是多部电视剧的拍摄点。

最佳攻略

◆ **最吸引人的活动**

杏采摘文化节

七王坟村内遍植果树，每到成熟时满树鲜红翠绿，煞是喜人。独特的浅山区地理位置和气候、香水院的优质泉水，造就其主要特产樱桃、杏、枣等都具有独特的风味。尤其是村内盛产的玉巴达白杏，其个头大、果肉厚、味道甜、口感好，是七王坟村最主要的特产和经济作物之一。

◆ **最美的季节**

春天赏花海、寻古墓；夏日享清凉、品鲜果；秋高气爽适宜登山远眺；冬日白雪皑皑仿若世外桃源。

◆ **最好看的风景**

七王坟村最著名景点当属醇亲王"阴阳宅"，苍松翠柏、曲水流觞，美不胜收。醇亲王生前居住于七王坟村，死后葬于山上陵墓之中。

阴阳宅陵寝位于阳台山上七王坟村西，目前免费开放。

特别提醒：本村处于一级防火区，森林植被被丰富，每年11月初至次年4月末为防火期，禁止游人携带任何火种登山

◆ **最天然可口的饭菜和最舒适的住宿**

较有特色美食为全驴宴。

1. 馨香园

🌱 联系人：赵淑珍　　　☎ 电　话：13520765821

2. 樱桃涧秀美园

🌱 联系人：宋彦武　　　☎ 电　话：13439217717

3. 泉水百果园

🌱 联系人：宋彦茹　　　☎ 电　话：13439330650

海淀区 七王坟

◆ **最乡土的特产**

本村最出名特产为玉巴达白杏。

◆ **最便捷的行程**

🚌 公交：地铁4号线颐和园北宫门站下，换乘公交346路，西埠头站下，沿七王坟路向西1500米左右即到。

🚐 自驾：西六环高速北清路出口出，沿北清路向西行至北清路与北安河路交口处右转进入北安河路，向北行驶至北安河路与七王坟路交口处左转进入七王坟路，向西直行1500米即到。

北京市海淀区七王坟"京西妙高文化村"旅游策划

◆ 最动人的故事

　　清醇亲王奕譞晚年不想卷入政治斗争，迁居此处，并自号"退潜居士"，逝世后亦葬于此处。可能考虑到醇亲王帮助自己功劳显赫，慈禧保留了其子光绪的皇位。因为七王坟是在唐法云寺和金香水院旧址上建造的，寺内就有两棵千年的白果树。大太监李莲英告诉慈禧，白果树长在王爷坟上是大大的凶兆，因为白字加王字正是个皇帝的皇字。所以，李莲英率领内务府的工匠们在一个晚上砍去了七王坟前的白果树。据说，树砍倒后从根部不时往外流血，把李莲英一行人吓坏了，以为惊动了神灵。（据分析，可能是这两棵树中有蛇盘踞，砍树时误伤了蛇，所以有血流出。另据2008年科研结果确定，光绪皇帝是中毒而死，终于给流传多年的悬案定论。）

◆ 最美微评

　　山风呼啸，正阳残雪，苍松古柏，荒野孤冢，七王坟。无扰无争，生时隐居于此，死后葬于院后山下，躲宫廷劫难，避人间烦扰。为王孙者，尽荣华？

madbird

北京 美丽乡村休闲攻略
丰台区

北京最美的乡村
The Most Beautiful Village In Beijing

- 百年花乡百花妍——草桥村

- 都市农业休闲城——南宫村

- 都市商务新农庄——大井村

丰台区

五环路 四环路 三环路

石景山区

美丽乡村
大井村

丰台区

美丽乡村

草桥村

美丽乡村
南宫村

房山区

大兴区

草桥村

百年花乡百花妍

（丰台区花乡）

最美点"睛"

揽天下奇花异草　聚世界经典园林

从玉泉营桥盘桥下来往南，整齐干净的街道，崭新的楼房，路旁千姿百态的龙爪槐、用各色花草装饰起来的造型养眼的"雕塑"、肆意绽放的大片月季花，在清晨的暖暖阳光垂怜下，赏心悦目。这就是有着悠久养花历史，在明清时代就为宫廷进贡鲜花的草桥村。

世界花卉大观园是以花为名、以花为媒的草桥村对外的窗口。这里可谓是"揽天下奇花异草、聚世界经典园林"，集草桥村的精气和灵韵于一身。

"揽天下奇花异草"在号称"北京市第一座钢架穹顶式植物温室"之中，热带、温带、亚热带等地的形态各异的植物，勾勒出不同的风情：有不长树叶的光棍树，有看着像石头却是植物的金不换，有吃一颗就怎么都不会喝醉的神秘果等。这里还是孩子们的天堂，尤其是在寒风凛冽的冬日，常年保持在25度左右的室内温室是孩子们的绝佳玩耍之地，看看奇花异草，参观最新的组织培养技术，还有适合孩子们参观的科学实验室，在玩乐中既增长了知识，还开阔了视野。据说，这里适宜的气候条件还有"治病"的功效，冬日里若有个小感冒小咳嗽之类的，来这待一天半天的就能好一大半。

温室外的各国风情园林也别具匠心：奥地利风情园、俄罗斯城堡花园、凡尔赛、德国花园，还有颇受年轻人推崇的园内最大的婚礼广场——荷兰风情园等，各种养眼风情让游客沉醉在了异国他乡，可谓是名副其实的"聚世界经典园林"。

来草桥村，感受奇花异草，品味花香传奇，在花的世界里徜徉嬉戏，在花的海洋中释放心灵，临走，再带回几盆心仪的盆栽，不仅装点了美好的生活，也装饰了一份快乐的心情。

最佳攻略

◆ **最吸引人的活动**

1. 新年期间，世界花卉大观园举办梅花展，世纪奥桥超市举办组合盆栽大赛。

2. 每年的9月初开始举办艺菊大赛，是利用树桩作为基础，使用白蒿进行嫁接，最后经过养花人的修建呈现出各种的造型。

3. 每年的9月末世界花卉大观园还有斗菊大赛，全国数百位养菊高手带着自己的得意之作齐聚草桥，在这里品菊、论菊、评菊。更多的人也会在这个时刻来到草桥品菊香、观菊韵。

最引人注目的佛肚树

◆ **最好看的风景**

这里最好看的风景当属世界花卉大观园。

💰 **票价信息：** 成人 50元/人，儿童 30元/人，
团队优惠

优惠政策： 1.2米以下儿童免费，残疾人免费，离休人员免费，伤残军人免费和烈士家属免费。70岁以上老年人免费（要出示有效证件）

🕐 **开放时间：** 冬季 8:00AM—5:00PM
夏季 8:00AM—6:00PM

☎ **联系电话：** 010-87500840（业务部）

🏠 **地　　址：** 北京丰台区南四环中路235号

最稀有的沙漠植物"角甲龙"

重达150公斤的巨人南瓜

◆ **最天然可口的饭菜**

南国水乡

经营川、鲁、粤各式美食。
特色：自制水磨豆腐、五谷丰登蒸饺。

💰 **人均：** 100-150元
☎ **电话：** 87500199

热带雨林

独特的园林造景装修氛围，原生态的蔬菜，吃出蔬菜的原滋原味。

北京美丽乡村休闲攻略

◆ 最乡土的特产

1. 火鹤　　采摘季节：四季　　价格：20元/盆
2. 仙客来　　采摘季节：四季　　价格：10元/盆

世纪奥桥花卉园艺中心
客服电话：010-87503808
地　　址：北京市丰台区草桥东路甲1号

◆ 最舒适的住宿

北京花神假日酒店
订房电话：010-56131999
地　　址：世界花卉大观园北门

◆ 最便捷的行程

公交：特9、地铁公益西桥出向西1000米左右。
自驾：南四环马家楼桥出口即到。

◆ 最动人的故事

1. 花神的传说

　　草桥自古便流传着花神的传说，古时的花神被奉为行业保护神。据文史记载，仅明清时期文人雅士描述丰台、花乡、草桥玉泉营和花神庙的诗句就有百余首之多，其中《石樵先生遗诗》一首诵花神庙诗，"南西门外花之寺，云锦缤纷尽海棠。不记何人亲手植，料应历遍几沧桑"最为有名。

最神秘的曼陀罗

2. 园中最古老的一眼水井

　　相传这古井中的水与玉泉山的泉水同为一脉的。有一年春天，乾隆皇帝途径玉泉营，饮用此井水后，感觉味道甘甜，便大加赞赏，以后乾隆皇帝每次出巡回朝途径玉泉营时，都要在此停留半日，欣赏周围的美景，并品尝这里的古水井，还留下了"冬雪春霖今岁好，嫣红姹紫看夹道"的优美诗句。

◆ 最经典的线路

上午到世界花卉大观园参观游览,中午在旁边的南国水乡就餐,下午去附近的世纪奥桥花卉园艺中心购买心仪的植物装点生活。

◆ 最美微评

真使我大开眼界,婴儿泪、紫色酢浆草、使君子、龙血树等真是太漂亮了。眼睛、相机都不够使。

文.墨

来自世界各地令人赏心悦目的花卉竞相开放。绝对适合亲子游。赏花的同时可以给自己和孩子普及相关知识,对我来说这里就是个大型的花卉科普馆。

一颗小虎牙

北京美丽乡村休闲攻略

都市农业休闲城

南宫村

（丰台区王佐镇）

都市里的温泉小镇

　　南宫村的美，让人目不暇接。村里人用四个字做了精辟的概括："山湖泉村"。一山一湖一泉一村，犹如一幅淡淡的水墨山水画，清新淡雅。

　　画的最远方，是有着北京地区最大的佛教石窟群的千灵山。千灵山又叫极乐峰，"先有极乐峰，后有戒台寺"，早在唐代以前，佛教文化就在这里传播。在前往千灵山北门的必经路上，还有一坡长200米的"怪坡"，在这里"水往高处流，车往坡上滑"，BTV的科教频道还专门过来做过实验。有人说这是应了千灵山的灵气，还有人说这是因为地磁吸引力的关系，不管怎样，小小的怪坡已经成了当地一景，给游客带来了无限的乐趣。

　　靠山是京郊最近的"一盘净水"青龙湖，这里清晨朝霞映翠，傍晚龙湖夕照。春季来临，常有成群的天鹅、野鸭在湖中嬉戏，生态环境十分优美。2013年的国际铁人三项赛事，也以青龙湖为源头，在大自然的湖光山色中感受运动之美、之魅，令游客流连忘返。

　　画的最近处当然是别墅整齐林立、温泉四溢的南宫村了。住别墅、泡温泉，打高尔夫，参观国内独一无二的南宫世界地热博览园，在曲径通幽、绿竹成荫的温室大棚中采摘、垂钓，品尝温泉养殖的各种鱼类……到过南宫村的人无不感叹：这就是新农村建设的一个奇迹。

●●● 最佳攻略

◆ 最吸引人的活动

"地热科普游"：国内独一无二的地热博览园，展示了地热清洁能源的开发成果和科学应用模式，向中小学生普及地热知识。

"温泉健身游"：南宫温泉水世界，以异国风情及舒适的环境，有着"京西夏威夷"之称。南宫民族温泉养生园中有12种茶浴保健和多种水疗，为游客带来异样的温馨与健康。南宫御温泉商务会馆集温泉洗浴、休闲健身于一体，彰显现代生活的典雅与华丽。与此同时，温泉养殖、温泉种植、温泉垂钓等构成了地热温泉梯级应用的旅游产业链。

◆ 最美的季节

春天，登千灵山，感悟佛教文化；夏天，观龙舟赛，享受阳光沙滩，赏民间花会；秋天，采摘蔬果，在落叶缤纷中游南宫村，骑行在最美乡村路上——长青路上；冬日，嬉戏于温暖的温泉中。一年四季，南宫总有一款美适合你。

◆ 最好看的风景

青龙湖公园

北京青龙湖公园，是距京城最近的"一盘净水"，生态环境十分优美。可容纳5000人的露天沙滩浴场、青少年科普基地、风格独特的乡间别墅和备有多种风味农家小吃的仙客苑餐厅，是集团公司、学校、部队举办活动的极好去处。

¥ 门票：20元　☎ 电话：010-83310645 / 83392322

千灵山公园

千灵山是北京西南第一崇山。景区千峰竞秀，景色奇佳。山上布满大小若干个洞窟，是隋唐以来僧人隐修的处所，并留有佛像、碑刻等遗迹，被称为"北京最大的石窟寺群"。山中有273种植物，50多种动物，又是一处天然的生态山林。

¥ 门票：45元，团购可打折
☎ 电话：83870645 / 83880651

南宫体育会所

拥有京城最大的北美庄园式高尔夫休闲会所。

☎ 电话：010-83393688

北京美丽乡村休闲攻略

◆ 最天然可口的饭菜

南宫温泉度假酒店

有粤菜、东北菜、东瀛风情、意大利风味、东南亚风味等各国风情的美食。

¥ 人均：200—300元
☎ 电话：010-83396229，不定期有各种促销活动

泉怡园农庄

京西首家绿色生态主题餐厅。

特色：蒙古原始土窑烤羊，选用锡林郭勒盟放养"蒙路"肥羊为材料，经30余种辛香药草腌制后置原始土窑焖烤而成，有入口甘香、质感十足、不油不腻、回味无穷的特点。

¥ 人均：100—200元
☎ 热线：83398938 / 83398928

南宫泉品食府

2012年的7月，崔永元曾在此宴请过"7·21"京港澳抗洪救险英雄团队，也是八一影视基地演员们的"食堂"。

特色菜：绿色焖炉鸭——制作方法由南方传入北京，特点是"鸭子不见明火"焖好的。成品为枣红色、外皮油亮酥脆、肉质洁白、细嫩、口味鲜美，焖制过程干净卫生。

¥ 人均：60—70元　☎ 电话：010-83396899

钵仔娃娃菜 28 元

元宝虾 118 元

绿色焖炉烤鸭 88 元

红烧脱骨带鱼 88 元

◆ 最乡土的特产

南宫村生态种植园

以"南果北种"为主要特色，种植热带、亚热带的植物和花卉，使智能温室的科技性、观赏性、互动性更为突出。南方香蕉在这里成活并结出累累硕果，芒果、人心果、桔柚类果树及红掌、竹芋等热带花卉在这里也保持良好的长势。

¥ 西　瓜：30元／斤　小黄瓜：15元／斤　木　瓜：30元／斤
　小柿子：15元／斤　火龙果：30元／斤　叶　菜：10元／斤
　葡　萄：20元／斤　豇　豆：10元／斤　香　蕉：5元／根
　莲　雾：3元／个
☎ 电话：13910741405

丰台区　南宫村

41

◆ 最舒适的住宿

南宫温泉假日酒店（五星级）

宾馆配有设备考究的歌舞厅、游戏厅、台球室、沙壶球等娱乐设施供您消闲；更有设备先进的桑拿温泉洗浴中心，让富含矿物质的温泉给您带去保健的惬意与舒适。

☎ 电话：010-83316030

泉怡园度假村

由24座风格各异的特色乡村别墅和连排式经济房组成，每栋别墅均精心打造，电话、有线电视、空调等一应俱全。24小时温泉洗浴，并配有台球、乒乓球、羽毛球、露天舞场、卡拉ok等，可举办篝火晚会、燃放烟花爆竹。

☎ 咨询电话：010-83391968

◆ 最便捷的行程

🚌 公交：与京石高速公路、京周路相邻，六里桥乘321路、339路，长椿街乘662路、中关村乘983路，草桥乘971支线，917青龙湖线，北京南站乘458路，丽泽桥乘459路。还有978路、836路等。

🚐 自驾：京石高速经杜家坎收费站后，南宫王佐出口（12A）下高速，前行见第二处红绿灯右转前行约100米即到南宫旅游景区接待处。

◆ 最动人的故事

南宫村明代成村，始称南宫屯，后住户增加，遂于北侧另建新村，称北宫屯。关于南宫、北宫村名的由来，民间还流行着这样一句话："头顶侯家裕，手扶东西王，脚踩南北宫。"是说王佐一带的地形就好比一个人形，头部是侯家裕，两手边是东、西王佐，脚踩着南、北宫。《房山县志》称南公村、北公村，也有地方称南工村、北工村。后北京市规范普通用字标准，统一用"宫"。

◆ 最经典的线路

上午：青龙郊野休闲游，下午：地热博览+温泉嬉戏
地热科普让孩子在趣味中探索地热的奥秘，全家人在香蕉林中漫步，看南国美景。信步龙湖柳岸，感受百花齐放的的曼妙，露天浴场，满足孩子的亲水欲望。
若想再看看千灵山，或者去南宫体育馆打打高尔夫、健健身，可再逗留一天。

大井村

都市商务新农庄

（丰台区卢沟桥乡）

最美点"晴"

　　大井村始建于明代，因村中之井而得名。这里是古代出京西南的必经之路，也是国家出兵和防御的要塞，至今，这里仍存有当年金戈铁马的辉煌历史。村头乾隆御笔的"荡平归极"汉白玉石匾，大有"四方大统，凯旋归来"的气魄，被戏称为"中国的凯旋门"。

　　村东，一尊明代千手观音铜铸像是北京现存最大、造型最优美的铜铸菩萨雕像。铜观音头饰宝冠，身着长裙，足踏莲座，身材挺秀，表情含蓄，24支手臂姿态各不相同，形态自然生动。

　　村中，天元郊野公园、北京欢乐水魔方嬉水乐园、卢沟桥文化旅游区，吸引了八方来客。

　　天元郊野公园以大面积的植物景观为主，是一个具有浓郁自然休闲特色的公园。北京欢乐水魔方嬉水乐园，是目前全球规模最大、游乐设施最先进、设备数量最多的顶级水上主题公园之一。全球最大的万人海啸造浪池、惊险的龙卷风滑道、刺激的尖峰极速滑道、亚洲最大的黑暗漩涡等项目，形成最富有激情、最充满动感的巨型水上狂欢乐园。

　　而卢沟桥文化旅游区既有古老与现代艺术，又有百年历史和沧桑的经历。是一个集历史、文化、艺术和革命传统教育为一体的旅游观光胜地。

最佳攻略

◆ 最吸引人的活动

　　天贵青岛啤酒美食花园。这里主要特色，一是有露天演出，二是有啤酒和美食，啤酒种类有黑啤、黄啤、绿啤等。适合朋友聚会、消夏，一般只在每年的5月至10月进行。

◆ 最好看的风景

　　1. 天元郊野公园。公园免费开放。

　　2. 丰台体育中心。丰台体育中心是为举办1990年北京亚运会而兴建的现代体育建筑群。体育中心常年开放，适合进行多项体育锻炼。地铁14号线大井站下车即到。

　　3. 北京欢乐水魔方嬉水乐园。

💰 门票价格成人票：200元，儿童票：160元
　　（全园水上项目一票通）

　　4. 卢沟桥文化旅游区。由卢沟古桥、宛平城、中国人民抗日战争纪念雕塑园和石鼓园四部分景区组成。是一个集历史、文化、艺术和革命传统教育为一体的旅游观光胜地。

☎ 电话：010-83894614
🏠 地址：北京市丰台区卢沟桥城南街77号

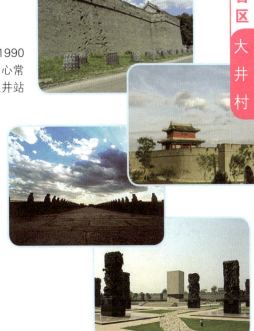

◆ 最天然可口的饭菜

天贵食府

　　天贵食府始建于1997年，主营粤菜、湘菜、川菜和家常菜系，特聘广东名师打理燕、鲍、翅等高档菜肴，形成了具有独家风味的"手抓排骨"等特色菜肴。

💰 人均：90元左右
☎ 电话：010-63823210
🏠 地址：北京市丰台区大井桥南100米

富祥烤鸭店

富祥烤鸭店主要经营烤鸭、家常菜、川味菜，菜品精致而消费水平一般，有包间，适合家庭、朋友聚会或独自用工作餐。

¥ 人均消费：60元左右
☎ 电话：010-63811213 / 63811214
🏠 地址：丰台区西四环南路23号（岳各庄桥南）

◆ 最舒适的住宿

北京天贵酒店

集餐饮、住宿、商务活动、特色购物等多种服务功能为一体，装修精致典雅、高贵大方，是各界人士宴请宾朋、婚宴庆典、商务会谈、特色购物的最优选择之地。

☎ 电话：010-63819966
🏠 地址：北京市丰台区大井桥南100米

◆ 最便捷的行程

🚌 公交：301、309、338、390、693、973、458等公交车在大井站下车，452、546在程庄路口北下车，地铁14号线大井站下车。
🚗 自驾：走京石高速路过岳各庄桥出来走辅路，靠右行驶即到。

◆ 最动人的故事

大井村始建于明代，因村中之井而得名，原称"义井"或"蜜井"。据明《长安客话》载："义井或蜜井。相传记文皇驻跸甘其泉，故名。"又据清《日下旧闻考》记载："义井庵在广宁门外延十里"，"井在门外，今其名大井村"。

北京 美丽乡村休闲攻略
门头沟区

北京最美的乡村
The Most Beautiful Village In Beijing

- 一坡樱桃满眼春——樱桃沟村

- 灵山古道新驿站——洪水口村

- 四围青山藏古韵——爨底下村

- 京西古道小江南——韭园村

- 玫瑰铺就致富路——涧沟村

- 天然科普大课堂——岭角村

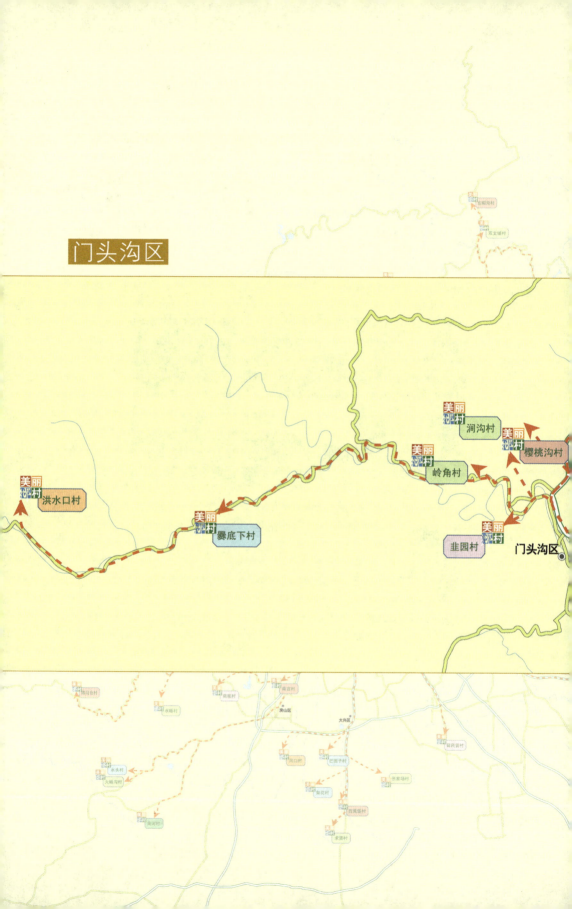

门头沟区

美丽桃村 洪水口村

美丽桃村 暴底下村

美丽桃村 岭角村

美丽桃村 涧沟村

美丽桃村 樱桃沟村

美丽桃村 韭园村

门头沟区

一坡樱桃满眼春 樱桃沟村
（门头沟区妙峰山镇）

最美点"睛"

禅医文化讲健康，漫山珍珠樱花香，这里就是樱桃沟。

樱桃沟村地处金顶妙峰山脚下，原名"仰山村"。因为古代皇家寺庙——仰山栖隐禅寺雄踞村中，因此又名"寺底下"。又因为这里有数百年的樱桃种植历史，产出的樱桃更是以个大、多汁、味佳而远近闻名，樱桃沟便由此得名。来到樱桃沟不仅可以吃到甜美的大樱桃，更可以寻幽访古。坐落于村北的千年古刹仰山栖隐禅寺，始建于唐末，为金、元、明三朝的皇家寺院，历代住持多由皇帝诏命。在樱桃园内更有末代皇帝溥仪的英文教师——庄士敦的私人别墅。

樱桃沟村位于门头沟区妙峰山镇，距离北京市区55公里，全村村域面积9平方公里，现有人口95户，225人。2007年当选"北京最美的乡村"。

●●● 最佳攻略

◆ 最吸引人的活动

在樱桃沟村，每年5月下旬都会举办为期一个月的樱桃采摘节，游客在购买200元的门票后，便可在樱桃园内尽情品尝美味的大樱桃，如若想带走则需以每斤240元的价格购买。说这里的樱桃贵，那是有原因的。除了土质好、泉水灌溉以外，独特的"冷湖"效应，使得这里的大樱桃品质极佳，在清代一直是皇家御用的贡品。即便如此，这里的大樱桃还是供不应求，所以这樱桃的好吃程度不言而喻。

◆ 最好看的风景

千年古刹仰山栖隐禅寺

又称养善寺、养身寺、养伤寺，其周围有五峰、八亭环拱，成为寺院的天然屏障。自金代成为皇家香火院和功德院后，仰山栖隐禅寺的规模、规制、财势都居"燕京之最"，寺外僧塔多达百余座。青州希辨、万松行秀、行满等禅宗高僧在此住持传法，嵩山少林寺的多位方丈也出自此寺，深厚的佛学渊源使仰山栖隐禅寺成为当时北方的禅宗传播中心、佛教圣地。金代章宗皇帝屡曾游幸，有诗赞仰山寺曰："金色界中兜率景，碧莲花里梵王宫，鹤惊清露三更月，虎啸树林万壑风。"

名人故居庄士敦别墅

庄士敦别墅又名"乐静山斋"。别墅坐北朝南，房舍五间，属排房格局。硬山水箍，头脊式前出抱厦的建筑风格，留下了时代烙印。庄士敦民国初年夏季来此避暑，至今房屋完整。

◆ **最天然可口的饭菜和最舒适的住宿**

红樱桃山庄

山庄毗邻樱桃植物园，可同时接待200人就餐、100人住宿。徽派建筑风格，内有小桥流水，幽静庭院，具有浓郁的乡土气息。可提供餐饮、住宿、会议、垂钓、棋牌、卡拉OK、露天烧烤等服务。

ⓘ 菜品推荐：侉炖鱼、羊棒骨、野菜包子、尖椒贴饼子
¥ 人均：150元（三餐加住宿）
☎ 电话：010—61883034

凤巢栖山庄

山庄位于樱桃沟村内，可提供餐饮、住宿、烧烤等服务。

ⓘ 菜品推荐：柴锅炖土鸡、炸花椒芽、肉丝木兰芽、青炒椿菜、野菜包子
¥ 人均：150元（三餐加住宿），20人以上团体120元
☎ 电话：13718581772

◆ 最乡土的特产

　　樱桃沟村的樱桃种植面积达1000多亩，樱桃年产量6万斤。主要有那翁、红灯、大紫、佳红等68个品种。

◆ 最便捷的行程

🚇 **公交：** 地铁苹果园西站乘坐892路公交车（涧沟方向），每天有3班车到达樱桃沟村。
　　　　上行：9:30　14:00　17:30
　　　　下行：6:00　11:00　16:00

🚌 **自驾：** 走109国道从担礼路口北行，沿京拉路妙峰山即到樱桃沟。

◆ 最动人的故事

　　传说北宋名将杨延昭有一次率部与辽军进行激战，因寡不敌众，仅剩下十多位受伤的将士且战且退来到仰山的尊胜塔下。此时已至傍晚，杨六郎依据地势指挥将士们从尊胜塔至山顶，每隔一两丈就点上一堆火，又让每名战士高举火把，十几个人首尾相连，围着尊胜塔转圈儿。追至山下的辽兵看到山上火把连绵不断，以为是宋军援兵到了，便撤走了。其后寺中医僧对受伤将士进行了妥善医治，休养几日便好得差不多了。从此，仰山寺便被老百姓称为"养伤寺"，尊胜塔也被称为"六郎转塔"。

北京美丽乡村休闲攻略

灵山古道新驿站 # 洪水口村
（门头沟区清水镇）

最美点"晴"

"温馨家园处处有，最美还是洪水口。炎黄文化诞二帝，达摩初祖聚灵峡。"

洪水口村坐落于北京之巅——灵山脚下，海拔940米，是京城海拔最高的村庄之一，因此洪水口村素有"灵山门户"之称。在村西侧的聚灵峡景区中藏匿着一条灵山古道，这条古道坡缓路平、蜿蜒曲折，人们徒步12公里即可到达京西最高山峰灵山顶峰。据说红楼梦中贾宝玉佩戴的护身符就是聚灵峡中的通灵玉，因此来到聚灵峡可以沐浴灵光，收获福气、宝气、利气和运气。在村东侧东流水一带便是以炎、黄二帝命名的二帝山森林公园。二帝山海拔1800米，属山岳景观，是北京独有的喀斯特地貌公园。

洪水口村位于北京市门头沟区清水镇，距离北京市城区120公里。村子处于两山峡谷地带，大地沟与江水河沟的交汇处，属灵山东南麓，为中山谷地，是典型的深山村。全村现有人口106户，291人，地域面积22.3平方公里，2008年当选为"北京最美的乡村"。

●●● 最佳攻略

景点分布图

◆ 最好看的风景

聚灵峡景区

　　是一个负氧离子丰富的森林公园，以万灵荟萃、灵境佛缘为最大亮点。传说禅宗祖师达摩曾到此处的华灵寺讲经布道，因此又称为"达摩古道"。走进古道山口，两侧山峰夹天如线。沿途溪水潺潺、山花点点，灵山顶颠更有如毡的草甸和点缀其间的牦牛，景区中负氧离子充沛，游离其间，令人心旷神怡，有诗云："步步登高好乘凉，灵山顶上摸太阳。达摩古道燃灯寺，碧水群峰照佛光。"

☎ 咨询电话：010—69815128

¥ 门票30元（学生票、老年票半价，儿童身高低于1.2米免费）

二帝山市级森林公园

　　相传炎帝和黄帝在涿鹿之战打败蚩尤后，为保华夏民族国泰民安，即殒化成两座大山，以阻挡蚩尤再犯，后人为祭祀炎黄二帝，故将两座大山称之为"二帝山"。景区集雄、奇、险、俊、幽、旷为一体，拥有丰富的自然景观及人文景观。

☎ 咨询电话：010—61827814

北京美丽乡村休闲攻略

二帝山自然风景区导览图

◆ 最美的季节

在春风拂面、乍暖还寒之际来到洪水口，你会看到一幅令人惊叹的画面，山下已是林木葱郁，而灵山顶颠却仍是白雪皑皑。

在烈日炎炎的夏季，洪水口是一个消夏避暑的好去处。这里的气温比北京城区要低5至10度，怡人的气候和山间缭绕的云雾，定会使你喜欢上这个休闲游旅、赏心乐水的好地方。

◆ 最乡土的特产

大杏仁、薄皮核桃、山榛子、山野菜、野山菌、柴鸡蛋等。

◆ 最天然可口的饭菜和最舒适的住宿

来洪水口，吃农家饭、住农家院是必不可少的。洪水口村是市级民俗旅游村，村内有60余家农家乐，可提供餐饮、住宿、棋牌、篝火、烧烤、卡拉OK等服务。

ⓘ 特色美食：灵山烤全羊、烧烤虹鳟鱼、柴鸡、野兔、野菜团子、各种山野菜

¥ 人均：30元—50元

🏠 住宿：标准间、三人间、四人间等不同房间类型的客房

¥ 人均：25元—50元

农家院推荐

乡村农家饭庄 电话：61827588
山里农家 ☎ 电话：61827643
山水农家 ☎ 电话：61827322

聚灵峡乡村酒店

位于洪水口村内，是一家集住宿、餐饮、娱乐、会议于一体的综合性酒店，可同时接待

门头沟区 洪水口村

100余人。酒店内更有百人会议室、垂钓园、卡丁车场等休闲娱乐设施。

🌐 网　址：www.beijingtop.cn

☎ 联系电话：010--69815128 / 13611012737

◆ 最便捷的行程

🚌 公交：在地铁苹果园西乘坐892路（双塘涧）可
以直接到达洪水口村。上行发车时间：
6:50、12:50、17:50。

🚐 自驾：自驾车由国道109至双塘涧村，向北转入灵
山路即可到达。

◆ 最动人的故事

　　洪水口村是古灵源川，远古时代就有人
类生存殖息。因是战略要地，很多忠烈将军
殉节于此。明朝沿河城守将毛立芳将军在此
宁死不投敌，留下了一段"宁为玉碎，不为
瓦全"的千古佳话。

◆ 最美微评

　　清晨起来，常忘了在哪。今晨的洪水口
村真美。

　　　　吴彧Allen

旅游咨询

☎ 咨询热线：010—61827814

北京美丽乡村休闲攻略

四围青山藏古韵　爨底下村

（门头沟区斋堂镇）

最美点"睛"

　　爨底下村是一个拥有五百年历史的古老村落，因其保存完好的明清建筑而声名鹊起。全村共有70余套四合院，600余间房，均为清代时期建造，是我国保存较为完整的山村古建筑群之一。全村分为上下两层，层间由一道弧形大墙隔离，错落有致的四合院依山而建，远看似古堡，又似山城。近看便会被那些精工细作的雕刻装饰深深吸引。古村独有的山地四合院与京城胡同四合院遥相呼应，为世人展现了一幅古朴、完整的"清代民居图"，成为建筑学、美学、社会学等多学科研究的标本。原汁原味的古村风貌和历史人文景观，使爨底下备受影视界及书画摄影爱好者的青睐。《投名状》、《手机》等几十部影视剧都在此取景拍摄，前来写生作画的艺术家及学生更是络绎不绝，爨底下村已成为名副其实的影视拍摄与写生基地。

　　来到爨底下你会感受到历史文化的积淀和古村原始风貌的深邃。在这里，历史的痕迹随处可见。清代的建筑和壁画、昔日中举的喜报、甲午海战中立功的捷报、各个年代的标语……她像一位饱经沧桑的老人，向您诉说着一段又一段的历史。

　　爨底下村是国家A级景区，位于斋堂镇西北部的深山峡谷中，距北京市区90公里。村落坐落于向阳山坡之上，以龙头山为中轴线，呈扇面形延展于两侧，地处群山怀抱、清泉绕流之中。全村现有人口43户，118人。2009年当选为"北京最美的乡村"。

●●●● 最佳攻略

◆ 最好看的风景

大庙—关帝庙

位于村东半山之上，始建于1715年，是集伦理教化、祈雨祭天、转灯游庙等多种活动为一体的场所。大庙的建筑等级也是村中最高的，有高大的台基和全村独一无二的檐廊。

广亮院—财主院

位于村落中轴线的最高点，是古村山地四合院中等级最高的院落。其门楼为中型如意门，台阶七级，地面用两块石板铺砌，一块青石喻"脚踏青云"，一块紫石喻"紫气东来"，体现了当时主人为表现自己高贵地位的良苦用心。

京西"一线天"

位于村北3公里处，是古驿道上的一处景观，全长150米，周围有八奇潭、九柏九石阵和双龙洞等自然景观。

◆ 最吸引人的活动

当春节来临之际，爨底下村每年都会开展八卦转灯节、到农家吃年夜饭、提灯串门拜年、煮破五饺子等"农家过大年"活动，游客来到爨底下村可以体验到农村特有的过年气息。

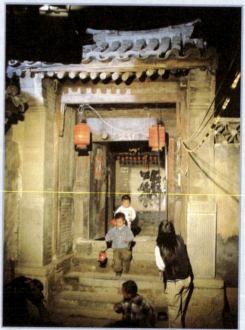

◆ 最天然可口的饭菜和最舒适的住宿

　　爨底下村共有56户集食宿娱乐为一体的农家院，大多数农家院均可同时为50人提供餐饮服务。

- ⓘ 菜品推荐：柴鸡炖山蘑、炸花椒芽、炸香椿鱼、压肉、炸油香
- ¥ 人均：100—160元（三餐加住宿）
- ¥ 餐饮：人均消费40元
- ⓒ 住宿：人均消费20—50元

农家院推荐

驿清晨	联系电话：13511029408
厚德福老宅	联系电话：13716335818
爨宝客栈	联系电话：13716198929
福字院	联系电话：13716151596

◆ 最乡土的特产

　　香椿、核桃、荆花蜜。
　　村中有家名叫山旅驿站的纪念品店，来到这里可以购买到各种各样的"爨"字纪念品、山区特产、手工艺品……

◆ 最便捷的行程

- 🚌 公交：在地铁苹果园西站，坐892路直达。
- 🕐 发车时间：上行：7:00　12:40　16:00
  　　　　　　下行：6:30　9:30　15:30
- 🚗 自驾：沿109国道行至84.9公里处下国道，前行5公里即到。

◆ 最动人的故事

　　明永乐年间，山西韩姓家族的一支东迁至此，以爨字为村名，落户成村。相传村西北有个爨宝玉沟，是太上老君炼丹聚宝的地方，因村庄在其下，故名"爨底下"。

　　另据《说文解字》记述，其字为锅灶之下，篦火旺，意为点火做炊。因为全村皆为韩姓，也是为了与"韩"（寒）姓相补相济。

　　巧记"爨字"："兴字头，林字腰，大字下面架火烧。"

◆ 最美微评

　　"爨底下古山村是一颗中国古典建筑瑰宝的明珠，它有着深厚的北方建筑文化内涵，就其历史、文化、艺术价值来说，不仅在北京，就是在全国也属珍贵之列。"

古建专家罗哲文

　　"爨底下村是我国北方民居的周口店，仿佛是从火山灰里扒出来的意大利庞贝古城。"

绘画大师吴冠中

旅游咨询

☎ 咨询热线：010—69819333

北京美丽乡村休闲攻略

京西古道小江南

韭园村

（门头沟王平镇）

最美点"睛"

　　韭园村南依九龙山，北傍永定河，是一个前有罩后有靠的风水宝地。全村山场面积2000多亩，森林覆盖率90%以上，是一座负氧离子丰富的天然大氧吧。村中古槐翠柳，小桥流水，古朴民居错落掩映。景至美，水至清，俨然一个世外桃源。　韭园村更是一座历史悠久的古村落。早在元明时期，壮观的京西古道便在王平口会集，往来于京城与西部地区间的商旅络绎不绝，使韭园村成为京西古道的要塞之一。透过古道上那些残留的蹄窝，还依稀能够感受到它往日的繁华。悠悠古道担起了大漠与京城之间的通途，流露出厚重的古风遗韵。在韭园村西落坡更有一座元代古宅，村民世代相传说这里就是元曲四大家之一——马致远的故居。

　　韭园村位于门头沟区王平镇，由韭园、桥耳涧、东落坡、西落坡4个自然小村组成。距离北京市区45公里。全村现有人口300余户，近500人。2010年当选为"北京最美的乡村"。

最佳攻略

◆ 最好看的风景

京西古道

京西商旅古道之西山大路，东连京城，于牛角岭关城以西，穿桥耳涧、韭园村而过，进入西山腹地，以及河北、山西、内蒙古地区。韭园村东北方向，一条"之"字形古道悬于峭壁之上，可行牲驮，蔚为壮观。

马致远故居

故居内设展厅、陈列室、起居室等，融藏品、书画、民俗展品于一体。故居簇拥于小桥、流水之间，比邻于古朴的乡村人家，是京郊独具魅力风情的人文景观。

💲 门票：10元

古碉楼

相传建于金代中期，楼高10米，内分三层。底层与地道相通，中层四周设有气眼，顶为木结构，四周设有望窗，是过去用于军事上的瞭望哨。

◆ 最吸引人的活动

韭园村物产丰富，果实品种繁多，数月之内皆有采摘，素有"三季有花，四季有果"的美誉。利用这得天独厚的自然优势，韭园村的采摘业发展的是红红火火。

春天，红头儿香椿早已挂上枝头，是上佳的馈赠礼品；每年的五月末，这里都会举办"樱桃节"，前来采摘的游客络绎不绝，一片欢声笑语。接着杏儿、桃儿、李子、核桃等果实相继成熟，硕果累累；八月份是京白梨的成熟期，京白梨在20世纪60年代曾是国宴的专供水果，名扬京城；秋风飘落叶，红颜上枝头，此时便到了采摘山楂、柿子的季节了。

北京美丽乡村休闲攻略

◆ 最天然可口的饭菜和最舒适的住宿

韭园村是市级民俗旅游村，村中的农家院均可为旅客提供餐饮住宿服务。

- 菜品推荐：烤羊排、虹鳟鱼、韭菜鸡蛋饺子、韭菜馅饼、小米山榆饭
- 人均消费：100—150元（三餐加住宿）
- 餐饮：人均消费30元
- 住宿：人均消费30—40元

农家院推荐

九龙泉农家院	☎ 联系电话：13601241787
山窝窝农家乐	☎ 联系电话：13801396994
德缘居	☎ 联系电话：15501287452

◆ 最乡土的特产

香椿、京白梨、甜樱桃、韭园韭菜。

◆ 最便捷的行程

🚇 公交：地铁苹果园西站乘坐929或892路公交车到石古岩站，下车步行3000米即到。

🚌 自驾：沿109国道西行至王平镇见韭园牌坊即到。

旅游咨询

☎ 咨询热线：010—61859464

◆ 最美微评

　　"百花争艳春耕忙，艳阳高照夏风光，硕果累累秋景爽，蓝天白雪冬气象。雕梁画柱老宅院，潺潺小溪绿清泉，点点村居错落布，幽静清新虫鸟鸣。韭园溶洞天然铸，三义庙宇千古垂，马蹄古道沧桑印，致远故居断肠篇。青砖灰瓦透古朴，农家小院宜避暑，整村搬迁侨新居，农村改造生态谷。"

袁小婷

玫瑰铺就致富路

涧沟村

（门头沟妙峰山镇）

 ## 最美点"睛"

  涧沟村是一个集宗教朝圣、民俗采风、红色教育和寻幽访古为一体的旅游胜地。这里素有"玫瑰之乡"的美誉。每年6月份，几千亩的玫瑰花竞相开放。漫山遍野的玫瑰花，弥漫着沁人心脾的花香。村民们更是把玫瑰花做成了玫瑰酱、玫瑰饼、玫瑰酒等衍生产品，作为特产供游人购买。在村中向妙峰山顶望去，便可看见赫赫有名的金顶娘娘庙，这里曾是中国北方地区远近闻名的圣地。每年的农历四月初一至十五，这里都会举行华北地区规模最大的传统民俗庙会。前来祈福纳祥的香客络绎不绝，是北京周边最具文化底蕴的风景名胜区之一。在涧沟村的村中还隐匿着一个红色旅游的著名景点——平西情报交通联络站遗址。在抗日战争和解放战争时期，这个大山深处的情报站为传递情报、运送物资、建立电台，立下了汗马功劳。

  涧沟村位于门头沟区西北部，距离北京城区35公里，毗邻著名的民俗旅游胜地——妙峰山风景区。全村现有人口285户、506人，2012年当选为"北京最美的乡村"。

●●● 最佳攻略

◆ 最好看的风景

妙峰山风景区

妙峰山属太行山脉，主峰海拔1291米，以"古刹、奇松、怪石"而闻名，是北京小西山风景区的一部分。妙峰山之所以名扬四方，是因为其受过多次皇封，有乾隆的题名、嘉庆的御笔以及慈禧太后的敕封。

在妙峰山主峰的台地一隅便是金顶娘娘庙，依金顶地形，偏向东南，面对北京城。以山门殿充当庙门，有殿院、拜台、正殿和东西配殿。殿后原来的白衣大士殿被改成后墙和门字形长廊，与东西两侧配殿构成娘娘庙殿堂。

¥ 妙峰山风景区门票：40元

灵官殿

位于涧沟村至妙峰山的古香道上，建于清代，坐西北朝东南，大殿三间。是供奉道教护法神、王灵官和马灵官的地方。早在明、清时期，凡到妙峰山朝顶进香的人，首先要到灵官殿拜谒灵官，称为"报号"。

妙峰山森林公园

森林公园面积约为150平方公里，是距北京城最近的千米以上的高峰，它的东侧是百里平川，近可观海淀高科技园区，远可望京城的高楼大厦。这里生长着700余种野生动植物，其中华北地区最大的黄檀林和高山玫瑰园最为著名。

涧沟村已有几百年的玫瑰种植历史，这里海拔高、日照时间长，为玫瑰种植提供了得天独厚的自然条件。培育出的重瓣红玫瑰，以朵大、色艳、味浓、含油量高而驰名中外。不仅有很高的观赏价值，还有很好的药用和食用价值。每年的芒种季节为最佳观赏期，花期可维持一个月。

¥ 门票：20元

平西情报交通联络站

展馆位于涧沟村内，分为四间。北方一间，为前言及情报站的成立发展阶段；东方一间，为情报站的任务部分讲解；南房两间，分别为情报站的作用及后记。这是北京市首个以情报战线为主题的展览馆，现已成为涧沟村独特的旅游资源。

¥ 门票：15元

◆ 最天然可口的饭菜和最舒适的住宿

涧沟村是北京市著名的民俗旅游村，村中有多家农家院可为旅客提供餐饮住宿服务。

ⓘ 菜品推荐：玫瑰宴、炖柴鸡、干烧草鱼、炸玫瑰花、炒红果
¥ 人均消费：120元（三餐加住宿）
¥ 餐饮：人均消费：30元
🏠 住宿：人均消费：50元

农家院推荐

三岔涧农家院	☎ 联系电话：010—61882995
大四合院	☎ 联系电话：010—61882918
天仙阁农家院	☎ 联系电话：010—61882952
惠泽农家院	☎ 联系电话：010—61882923

◆ 最乡土的特产

玫瑰酱、玫瑰饼、玫瑰酒、玫瑰露、玫瑰精油、樱桃。

◆ **最便捷的交通**

🚍 公交：地铁苹果园西站乘坐892路公交车，每天有三班直达涧沟村。
苹果园——涧沟9:30　14:00　17:30
涧沟——苹果园6:00　11:00　16:00

🚐 自驾：沿109国道行驶约5公里右转可见"金顶妙峰山"的牌坊，穿过牌坊进入盘山路行驶约15公里到达妙峰山镇涧沟村。

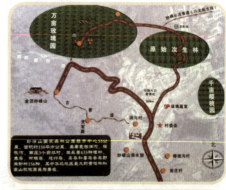

旅游咨询

☎ 咨询热线：010—61882920

北京美丽乡村休闲攻略

天然科普大课堂

岭角村
（门头沟妙峰山镇）

 最美点"晴"

　　岭角村古称"凌窖"，因其地处深山之中，常年气温都要比山外面低上五六度而得名。据说这里在修建禅房寺庙及金顶妙峰山时，是储存冰凌的地方。从国道拐进去村子的小路后，便可看到著名的灵溪地质标本走廊。地球形成46亿年以来，各个时期的岩石标本，分列路旁，一直延伸到村中。走进村庄，一座座民居很随性地建在半山腰上，沿着主道一路前行便是灵溪风景区。灵溪沟谷内，空气清新、植被繁茂，常年溪水不断。游人可在此野炊、烧烤、扎帐野营，尽情领略大自然风光。沿途开辟的果园、药材种植园，也会给您的旅途增添无穷乐趣。神潭、卧龙池、虎头山等"灵溪八景"定会使您流连忘返。

　　岭角村位于门头沟区妙峰山镇西北部，毗邻109国道，距离北京城区42公里。全村共68户，214人。是北京市第一批乡村旅游专业村和北京市观光农业示范园区。2012年当选"北京最美的乡村"。

 最佳攻略

◆ 最吸引人的活动

3月20日至4月30日开展以"播种绿色，奉献爱心"为主题的植树节活动。

4月22日至5月30日以香椿、樱桃采摘为主的踏青、赏花采摘节。

6月至8月开展以学生科普教育为主题的夏令营活动。

9月至11月开展"当一天农民"金秋采摘活动。

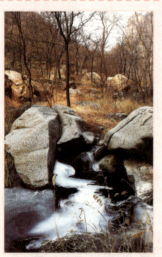

◆ 最好看的风景

灵溪风景区

灵溪是北京母亲河——永定河的一条支流，位于妙峰山西麓，苇甸沟下游，全长5公里。这里叠瀑连连、风景优美、动植物资源丰富，生长着635种植物和156种野生动物。灵溪沟内，常年溪水不断，小鱼小虾唾手可得。沿溪流而上，在林中穿行，每隔百米即可看到清澈的潭水，鸳鸯池、虎头山、沁香泉、野猪石、龙潭飞瀑等宜人的景色。沟谷两侧更有樱桃园、核桃园、香椿园、花椒园点缀其间。

❤ 门票价格：成人票20元，如野炊需交卫生费30元

◆ 最乡土的特产

蜂蜜：荆花蜜、槐花蜜。

⏰ 出产日期：七月底

中华樱桃

过去曾是皇城供品，个小、皮薄、口感香甜、铁含量丰富。果形珠圆红艳，素有"如珠未穿孔，似火不烧人"的美誉。

⏰ 出产日期：5月中旬

红头香椿

色泽鲜艳，椿味浓厚，富含多种维生素，具有防癌、保肝、降血糖等多种保健功效。

⏰ 出产日期：4月底

花椒

味道浓郁。

⏰ 出产日期：处暑

◆ 最天然可口的饭菜和最舒适的住宿

岭角村是北京市乡村旅游专业村，全村现有42户农家乐，其中市级农家旅游接待户26户，可以同时接待280人食宿。

灵溪餐厅

位于灵溪风景区旁，可同时为100人提供就餐服务。

菜品推荐：京西乱炖、香椿鸡蛋、豆角焖卷子、凉拌苦麻、贴饼子

💰 人均消费：50元

☎ 联系电话：010—61884642

勇珍旅游观光园

岭角村29号，可同时接待20人住宿，40人就餐。

ⓘ 菜品推荐：炸无鳞鱼、乱炖、烩豆腐、乡村摊鸡蛋

💰 人均消费：80元（三餐加住宿）

☎ 联系电话：010—61884847

◆ 最便捷的行程

🚌 公交：1. 地铁苹果园站乘892路（岭角方向），终点即是岭角村，每天一班。上行：18：00，下行：6：30。

　　　　2. 地铁苹果园站乘892路、929路公交车，在下苇甸站下车，打车15元即到岭角村。

🚗 自驾：航天桥——沿阜石路向西——石景山——门头沟区双峪环岛向右——至三家店水闸——下苇甸向右——沿109国道——约42公里处见方庭右转至岭角。

◆ 最动人的故事

　　在灵溪风景区的尽头有一处景点名为"神潭"，又称"龙潭"。传说龙生九子，其中只有龟要在人间修炼万年才能位列仙班，其他八子则不用这么辛苦。有一只龟修炼万年成龙后，以洪水要挟朴实的村民给它进贡，在这一带作威作福，以补偿自己所受的修炼之苦。经村民们请愿，天庭派下千名罗汉镇住恶龙，并终日念经以期感化它。这条恶龙终被梵音感化，化恶为善协助神龙造福这一区百姓。故神龙所居之处谓之"神潭"，而千名罗汉化为山峰称之为"千佛崖"。

◆ 最美微评

　　在"京西小九寨"中，感受岭角的动静天成之美！

旅游咨询

☎ 咨询热线：010—61884960

北京 美丽乡村休闲攻略
房山区

北京最美的乡村
The Most Beautiful Village In Beijing

● 黄土地里富贵果——南河村

● 深山明珠白草畔——四马台村

● 翠林花海映农居——河口村

● 云居素斋结"禅"缘——水头村

● 水村山郭"小十渡"——南观村

● 柿柿如意第一村——大峪沟村

● 明清古村展新颜——水峪村

房山区

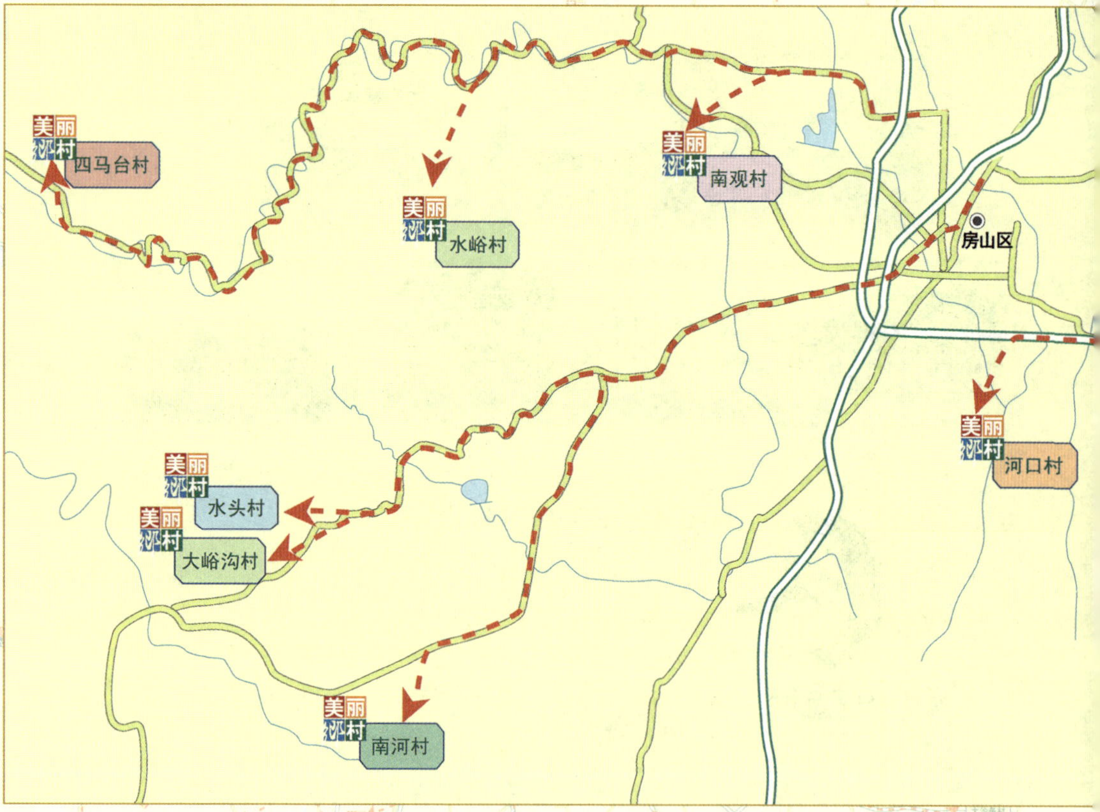

美丽秘村 四马台村

美丽秘村 水峪村

美丽秘村 南观村

⦿ 房山区

美丽秘村 河口村

美丽秘村 水头村

美丽秘村 大峪沟村

美丽秘村 南河村

黄土地里富贵果

南河村
（房山区大石窝镇）

 最美点"睛"

蔬菜大棚映绿色风景

　　南河村，因地处拒马河滩涂，得名"南河"。南河村已有100多年的历史，南河村曾以砂石开采、存储、运输为经济支柱。2003年，该村响应有关政策，关停了全村14家砂石厂，谋求新出路，开始向有机蔬菜产业的发展转型。起初，村里选取有一定实力的村干部家庭自建大棚进行示范，经一年试种，每栋大棚平均纯收入超过2万元。这促使蔬菜种植开始在全村大面积推广。目前，该村已发展蔬菜大棚600余栋1400亩，村民人均拥有大棚1.5栋，2011年村民人均纯收入达2.15万元。

　　经过几年的发展，南河村创建了合作社，已经形成了村集体统一选种、统一育苗、统一品牌、统一种植、统一管理、统一服务、统一指导、统一销售的"一条龙"经营模式，与麦当劳、肯德基、吉野家、可诺耐等快餐业巨头合作，发展大额订单营销，还建成了规模化食用菌生产加工基地，进行蔬菜深加工包装出口。南河牌蔬菜还获得了有机蔬菜认证，南河绿洲无公害蔬菜种植基地，成为房山区唯一的有机蔬菜生产基地。目前，该村已建成年产500吨的有机生菜基地、年育苗1000万株温室育苗基地和年产800万吨有机蔬菜标准化示范基地。富裕的村民们每天快乐地在自己的"天然氧吧"经营着自己的小日子。

　　2005年，南河村被命名为市级标准化产业基地，以设施农业为主导产业。2004年，被评为"首都文明村"；2006年被列为市级首批社会主义新农村建设试点村；2006年荣膺"北京最美的乡村"称号。

最佳攻略

◆ **最吸引人的活动**

参观蔬菜大棚

　　南河村最吸引人的莫过于成片的蔬菜大棚。农户的蔬菜大棚里种植着各种蔬菜瓜果，吸引众多游客前来参观采摘。在2005年，南河村被命名为市级标准化产业基地，现有无公害蔬菜大棚362栋，占地500亩，蔬菜年产量500万公斤，食用菌年产量100万公斤。蔬菜种类有西葫芦、西红柿、黄瓜、菜豆、平菇、香菇、豆角、油麦菜等十几个品种，所有蔬菜上市前均经过有关部门的严格检测，可放心食用。

租种大棚中的土地

　　游客可租种基地的蔬菜大棚，体验农耕、了解种植过程中的种植技术及种植执行标准，游客可以吃上自己种的菜，享受收获的喜悦。

拒马河垂钓

　　南河村位于房山区大石窝镇最南端，与河北省涿州、涞水交界。拒马河流经南河村，河水干净、清澈，河里有鲤鱼、鲫鱼、鲶鱼等鱼类，可供游客免费垂钓，因此吸引了不少垂钓族。

◆ 最美的季节

南河村一年四季都有美丽的花。春天万物复苏，村口的大白菜标志下开着一片片的小花；夏秋两季，村口满是微笑点头的向日葵，金光闪闪的害羞样子让前来游玩的游客忍不住前去观赏、拍照留念。

◆ 最乡土的特产

南河村最著名的特产当属有机蔬菜了，西兰花、倭瓜、茄子、西红柿等应有尽有，而且还有种类多样的菌类。鲜嫩的香椿以及葡萄等瓜果也是当地非常有名的特产。

房山区 南河村

◆ 最好看的风景

走进南河村，美丽的大白菜村标和整洁的街道映入眼帘。大白菜村标由三部分组成：主体是鲜嫩、翠绿的大白菜，中间的底座是大半个西瓜，最下边四周是荷叶衬托，村标周围还有十二生肖保驾护航，非常可爱。绿色的大白菜村标向人们展示了南河村以科学发展观为统领，抢抓历史发展机遇，大力推广新型农业技术，发展绿色支撑产业，富裕百姓生活的发展历程，同时也预示着南河村今后朝更高的发展目标迈进

及南河村人对幸福生活的向往与憧憬。南河村的生产主要以蔬菜种植为主，"南河"品牌远近驰名，村里建立了蔬菜服务中心，由集体统一配料、统一服务、统一指导、统一销售，专门聘请农科院蔬菜种植专家和有实践经验的专业技术人员定期对种植户进行蔬菜栽培、大棚维护等方面的培训。大棚里一年四季都有新鲜的蔬菜在培育、种植、生长。全村蔬菜大棚排列整齐，大棚里有西红柿、黄瓜、倭瓜、西兰花、生菜、菜花、西葫芦等各色蔬菜，还有香菇、平菇等菌类大棚，每个季节都有新鲜的蔬菜。前来参观的游客可以进入蔬菜大棚观光、拍照、采摘，选择自己中意的蔬菜瓜果，体验丰收的喜悦。

☎ 观光电话：010-61385408 / 010-61367397

◆ **最便捷的行程**

🚌 公交：从天桥总站坐917（天桥—张坊）在南尚乐或北尚乐站下车向南行2.5公里即到。

🚐 自驾：1. 走京石高速公路在闫村出口出来后，沿京周路行至周口店政府路口向南，行房易路行至大石窝政府后，前行2公里左转，前行2.5公里即到。

2. 京石高速公路琉璃河出口下，过韩村河走房易路行至大石窝政府后，前行2公里左转，前行2.5公里即到。

◆ **最经典的线路**

参观育苗基地——蔬菜大棚观光、采摘——沿环村路感受乡村风光。

四马台村

深山明珠白草畔

（房山区霞云岭乡）

　　四马台村位于房山区霞云岭乡、北京霞云岭国家森林公园内。四马台村有独特的旅游资源，有白草畔、鲲鹏峡、大青杠梁、老道洞、山上八景、山下八景等多个风景区，带动了民俗旅游业的发展，带动了全村人民致富。村民均住上了二层小别墅，2007年被北京市农工委评为"北京最美丽乡村"。

　　四马台村自然条件良好，属暖温带半湿润半干旱季风类气候，四季分明，平均年无霜期180天左右。森林资源极为丰富，有大面积天然次生林。得天独厚的自然条件，形成了良好的生态环境。主要树木有辽东栎、桦树林、鹅耳枥、山核桃树、山杨树林、山杏、山桃、松柏、黄栌等各种植物400余种。有高本、苍术、知母、远志、柴胡、黄芩等药用植物200余种，蕨菌类40余种。野生动物有狼、狐狸、狍子、獾、褐马鸡、雉鸡、猫头鹰、啄木鸟、蛇等近50余科200余种。白草甸景区是四马台村最美丽的风景，也是最吸引游客的地方。

最佳攻略

◆ **最吸引人的活动**

金蛙思归

由于白草畔高大山岭的阻挡，在春夏秋三季，东南季风吹来的潮湿气流，沿山谷上升形成云雾，这些云雾有时滞留在山谷中形成"云海"，有时形成一只青蛙状。

五指峰

白草畔主峰称五指峰，上具5块耸天而立像五指的巨岩。站在五指峰上登高览胜，观云海、看日出、观赏北京城夜景。

◆ **最美的季节**

春天可以来这里踏青、赏花，看万物复苏；春末夏初到这里旅游，您可以欣赏到这特有的高山丁香——白丁香、红丁香、爆马丁香的醉人香气和迷人的花姿。

夏天可以来四马台村避暑休闲。由于海拔高、多面环山，四马台村夏季不热，是避暑的好地方。二层别墅农家院可以为游客提供舒适的住宿环境，淳朴好客的四马台人会为你提供美味可口的农家特色菜。

秋天可以登高望远，白草畔景区可以满足游客多方面的需求。

冬天可以来这里看雪景，白雪皑皑，享受冬天的银装素裹和静谧。

◆ **最好看的风景**

白草畔

白草畔自然风景区位于北京房山霞云岭国家森林公园内，被列为"北京房山世界地质公园"八大景区之一。是集度假、休闲、游览、观光、探险、会务为一体的综合型旅游度假自然风景区。整体规划面积19.1平方公里，包括白草畔、鲲鹏峡、松林圆城、老道洞、龙骨石堂、杏林园等景点，106处景观。又有山上八景、山下八景之说。白草畔是北京西南第一高

峰，准确海拔高度为2161米，使景区从山下到山顶具有明显的植被垂直带谱分布规律。即海拔800—1200米为温和的阔叶落叶林和灌丛景观带；海拔1200—1700米为温凉的中山落叶松林、桦林景观带；海拔1700—2100米为冷凉的亚高山灌丛，草甸观景带。白草畔可驱车直达2161米高峰——"五指峰"；有数以千顷的空中花园——亚高山草甸；有

百花争艳植物分布清晰的"天然大氧吧";加之独特的山地气候特征,使景区气温比市区低10～15摄氏度,因此,又被誉为"清凉世界、天然氧吧"。早看日出、夜观京城灯火、山峰奇特、云海奇绝、蚁冢奇妙、松林奇美堪称白草甸景区"六奇"。

💴 门票:80元(门票40元+观光车40元,老年证、学生证门票半价,团购优惠)
☎ 咨询电话:010-80392939 / 010-60369037

◆ 最天然可口的饭菜

四马台民俗村总面积19.1平方公里,耕地面积900亩,仁用杏面积5000亩,全村484户,1033人。从事民俗旅游的有200多户,全都被评为市级"民俗旅游接待户"。特色食品:烤全羊、山野菜等。

房山区 四马台村

腾马大酒店
ℹ 推荐理由:腾马大酒店三星级标准,包括餐厅、客房主楼、四合院、康乐洗浴中心、东楼等几个部分,可提供餐饮、住宿、会议、洗浴、保健、KTV、篝火晚会等服务
💴 人均:120元-480元
👤 联系人:朱山军
☎ 电话:010-60369038

鲲鹏大酒店(鲲鹏姐妹农家院)

ℹ 推荐理由:北京鲲鹏姐妹农家院(鲲鹏大酒店)位于四马台村中心,占地面积约1000平方米,可提供餐饮、住宿、KTV、会议、娱乐、篝火晚会等项目,满足您全方位的需求
💴 人均:120元-480元
👤 联系人:史淑芬
☎ 电话:15811201165 / 18611553573
　　　　15001082853

◆ 最乡土的特产

四马台村乡土特产包括:果树类包括杏、枣、桃、梨、核桃等;药用植物包括映山红、前胡、荷包牡丹、露珠草、独根草、翠雀、东陵八仙花、黄花等;还有观赏植物及食用植物。山林间及草坡上时常可见松鼠、鼯鼠、黄鼬、赤狐、野兔、狍子、雉鸡等,偶尔还可见到褐马鸡、野猪、山羊、狍子等珍稀动物出没。山上有野生菌类、各种野菜等。

◆ 最舒适的住宿

全村共有230多户可以提供舒适的住宿。有四合院式宾馆、民俗接待。

鑫悦农家院
- 人均：100元
- 联系人：于凤芝
- 联系电话：13436935258

峪泰家园农家院
- 人均：100元–300元
- 联系人：李增政
- 联系电话：13601308209

◆ **最便捷的行程**

🚌 公交：1. 从北京天桥站或广安门站坐917到房山汽车站下车，再坐房山20路公交车可到四马台村。

2. 在北京坐836路、839路到房山汽车站下车，再坐房山20路可到四马台村。

🚐 自驾：1. 京石高速——阎村下道——坨里——河北镇走108国道旧线——佛子庄乡——贾峪口——龙门台村——四马台村。

2. 京石高速至良乡机场走王三路上108国道直行即到达四马台村。

◆ **最动人的故事**

四马台村的由来

四马台村名的由来有多种说法。一种是，相传在很早以前，今四马台地区发生了一场特大洪水，冲毁了农田房屋，使百姓遭灾。灾难惊动了玉皇大帝，于是玉皇大帝请如来佛下凡调查此事。原来是东海四小龙玩耍戏水造成，听了如来佛的禀告，玉帝立即派自己的坐骑神象下凡站在老

道洞，保护这里的生灵，人们从此安居乐业。过了很久，神象变成了石像，神象的四条腿变成了四块马形巨石，当地百姓为感谢玉帝和神象，将这个村取名为"四马台"村。另一种是，相传很久以前，今四马台地区曾是一片汪洋大海。有一年，洪水肆虐，玉皇大帝派托塔李天王调查，发现竟是四条小龙戏水所致。平复洪水后，玉皇大帝命一尊佛祖专门驻守老道洞看管四条小龙，并诵经念佛。久而久之，四条小龙被感化，变成了四块石头。后来，村民发现这四块石头酷似四匹狂奔的骏马，村子也由此得名"四马台"。至今，这四块石头分布在村子的四个角落，分别是"漂"字石、天降石、四马石、飞来石，保佑着全村人民的幸福安康……

◆ **最经典的线路**

红色之旅：白草畔——没有共产党就没有新中国歌词的诞生地

休闲之旅：白草畔——百花山

溶洞之旅：银狐洞——白草畔——老道洞——石花洞

朝圣之旅：圣莲山——白草畔

狩猎之旅：天龙山庄娱乐——白草畔

新农村建设之旅：北京最美的乡村四马台村——白草畔

翠林花海映农居

河口村

（房山区窦店镇）

最美点"睛"

设施农业带领致富路

　　河口村因地处小清河与刺猬河汇合处而得名。河口村位于房山区窦店镇东部的小清河畔，东临小清河，北与良乡镇接壤。这里以前还是房山区贫困村，"晴天一身土，雨天两脚泥，晚上出门一抹黑，垃圾遍地，秸秆乱堆"，2007年，围绕着新农村建设的二十字方针，河口村发生了翻天覆地的变化。被评为2008年"北京最美的乡村"。

　　设施农业是河口村最美的风景。河口村的设施农业主要包括蔬菜、花卉。根据市场需求进行统一种苗、统一种植、统一技术指导、统一质量标准、统一销售。全村如今有450多个的大棚，形成君子兰、红掌、百合，蔬菜包括菌类、茄子、黄瓜、苋菜等规模种植，以及草莓的培育和种植，通过设施农业与村内的农产品加工产业结合。河口村解决了本村及周边村800多人的就业问题，老百姓一年四季都有活干，有钱挣，腰包都逐渐鼓了起来，河口村经济也腾飞了起来。如今在河口村，前来观光、旅游、采摘的游客特别多。对农产品进行深加工，增强农产品附加值，同时提高设施农业产品利用率。年吞吐量8000吨的辣椒深加工企业落户本村，解决了就业问题的同时带动周边1000户农户进行辣椒种植。

　　花卉产业、农产品深加工产业、绿色生态观光旅游产业，河口村正在向最富裕的乡村目标奋进，全面实现翠林花海富庶康宁、生态宜居、亮丽文明的新河口。

●●● 最佳攻略

◆ 最吸引人的活动

观光采摘

河口村有400多个种植蔬菜和花卉的大棚，每到丰收的季节都会吸引众多的游客前来观光、采摘。

☎ 联系电话：010-80311136

文体广场

河口村投资150万建成占地6000平方米的文体广场，设立了文化图书室、乒乓球室、羽毛球场、篮球场、门球场等，而且提供了很多健身器材。并且在区镇各级领导的扶持下建成了数字影院。村委会努力举办了一系列活动，丰富了村民的业余文化生活，绿树成荫的公园也成了本村及周边村年轻人读书学习、开展文体活动的场所。每到傍晚，公园都会聚集不少村民，有咿呀学语的幼儿，有打篮球的学生，有遛弯的大妈，有下棋的大爷，各得其乐。每到周末或者假期，文体广场更是热闹非凡，很多游客以及周边村子的人都会来这里运动、放松和休闲。

◆ 最美的季节

河口村一年四季都有美丽的花、新鲜的蔬菜。设施农业在河口村搞得有声有色。一年四季，只要你去，都会在大棚里欣赏、参观到鲜艳美丽的花，如百合、君子兰、红掌等。而且还可以欣赏

北京美丽乡村休闲攻略

到新鲜的反季节蔬菜，各种蔬菜、瓜果一应俱全，可以满足游客采摘、观光的需求。

◆ 最好看的风景

设施农业、花卉参观：每到夏秋季节，美丽的百合、红掌、君子兰都会争相斗艳，满棚都是花的世界，会让你感受到花香扑鼻的快感。成片蔬菜基地里的幼苗培育、蔬菜观光也是一道美丽的风景。

房山区 河口村

◆ 最乡土的特产

各种新鲜无公害的有机蔬菜，美丽成片的花卉，而且还有自己食品公司生产的糕点、辣椒酱等。

花卉种类：君子兰、百合、红掌等。

蔬菜：菌类、苋菜、茄子、黄瓜等各种有机蔬菜。

食品：糕点、月饼、饼干等各种食品。

辣椒酱：蓉山泡椒酱、椒婆泡椒酱、小米辣等。

◆ **最便捷的行程**

🚌 公交：广安门内乘坐917路张坊线公交车到良乡北关下车，转乘33路小公共汽车到河口村。

🚌 自驾：1. 京石高速（窦店出口）——窦店环岛（交道方向）——第三个红绿灯左转——张谢桥头右转——河口村。

2. 南六环（良乡官道出口）——向南直行2公里张谢村南桥左转——河口村。

3. 107国道——窦店环岛（交道方向）——第三个红绿灯左转——张谢桥头右转——河口村。

北京美丽乡村休闲攻略

水头村

云居素斋结"禅"缘

（房山区大石窝镇）

最美点"晴"

云居寺

当看到白色神圣的云居寺的时候，你就来到了"市级民俗旅游村"、"北京最美的乡村"之———水头村。水头村位于房山区西南大石窝镇北部山区，村子因为是南泉水河的源头而得名，"千年古刹"云居寺坐落于该村境内，使该村佛教文化源远流长。水头村山青水美、文化底蕴厚重，是市级文明村和集观光、休闲、民俗于一体的市级民俗旅游村。该村发展历史及特点可概括为一首小诗："元代初建水头村，石经山下扎深根。伴随古刹数百载，几多兴衰到如今。村兴人旺日益新，民俗素斋迎嘉宾。观光采摘和小憩，欢乐映衬新农村。"

自古南有少林，北有云居，武出少林，文字云居。水头村境内的云居寺是首批国家重点文物保护单位，因珍藏着举世闻名的房山石经和众多文物古迹而被誉为"北京的敦煌"。石经文化享誉国内外，有"北方巨刹"的盛誉。云居寺是全国首批重点文物保护单位，北京旅游世界之最，是国家4A级旅游景区，是北京市重点风景名胜区，是藏经纳宝之地、祈福迎祥之所。云居寺历史悠久，保留着数量众多的唐辽时期的石、砖塔，以及距云居寺一公里石经山雷音洞中出土的佛祖肉身舍利，景区内除了八进主殿外还开设了"三经展陈"、文物收藏、佛教文化等十二大专题展览。其中，尤以1122部、3572卷、14278块石刻佛教大藏经著称于世，其历史之久、工程之大、刊刻之宏伟，被誉为"佛教圣地，石经长城"。云居寺是国内外著名的佛教寺院，其特有的幽静地理环境、奇特迷人的秀丽风光，蕴涵着浓郁的佛教文化特色。大批的游客慕名而来，感受佛教文化的同时去体验生活之美好。

●●● 最佳攻略

◆ 最吸引人的活动

采摘园

每到秋季丰收的季节，大批的游客会来到水头村感受采摘的乐趣。水头村有菱枣采摘园，采摘园里有各种各样的水果，如大枣、西梅、桃子、李子等。

赏泉眼

感受水文化。水头村村内有六七个泉眼养育着全村人，泉眼里冒出来的泉水甘甜纯净，水流成小溪贯穿整个村子。

拜龙王庙

村内有一个龙王庙，每到初一、十五，会有村民和游客来参拜。

◆ 最美的季节

一年四季，水头村都非常美丽。春天可以踏青登山，看万物复苏；夏天可以来农家院避暑休闲；秋天可以登高望远，享受采摘乐趣；冬天可以赏雪。

◆ 最好看的风景

云居寺+村内观光

水头村，多面环山，有着郁郁葱葱的自然环境。水头村还有泉眼、流水滋养着水头村人。置身水头村山水之间，峰峦叠嶂、流水悠潺、湖光塔影、古朴清新，是净化心灵、放松身心、远离城市喧嚣的净地。云居素斋、山间野菜、精品粗粮等特色农产品深受青睐。来到水头村，

最美的风景当然还属云居寺。云居寺是佛教经籍荟萃之地，寺内珍藏着石经、纸经、木版经，号称"三绝"。云居寺里有北塔、三公塔、唐塔、开山琬公塔，不仅藏有佛教三绝与千年古塔，而且珍藏着令世人

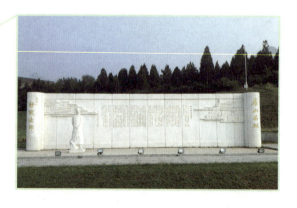

北京美丽乡村休闲攻略

瞩目的佛祖舍利。云居寺这些著名的佛家遗产在优美自然环境衬托下更是熠熠生辉！

- 💴 村内观光：免费
  云居寺门票：40元；石经山门票：15元
- 🕗 开放时间：夏季8:30—17:00，冬季8:30—16:30，云居寺为您提供寺内全程游览导游讲解服务，费用100元/次
- ☎ 旅游接待电话：010-61389612
- 🧑 联系人：李超
- 🏠 地　址：北京房山云居寺
- 🌐 网　址：www.yunjusi.com

◆ 最天然可口的饭菜

水头村有200多户、600多人，如今村里办农家院的有10多户，是集餐饮、住宿、娱乐为一体的特色农家园，可以吃地道的农家菜，睡火炕，卫生、现代化的住宿条件可以满足游客的需求。

韵之源农家院
- ℹ 推荐理由：交通方便、价格实惠、味道鲜美
- 💴 价格：根据点餐情况而定
- ☎ 电话：010-61389448

云福居农家院
- ℹ 推荐理由：交通方便、价格实惠、味道鲜美
- 🧑 联系人：张书香
- ☎ 电　话：13522447606

◆ 最乡土的特产

水头村的特产很多，最著名的是菱枣、李子、大桃等水果。菱枣采摘园里有甘甜爽口的菱枣、美味鲜嫩的西梅、个头硕大美味的桃子，还有结满枝头的李子等，游客可以根据自己的喜好采摘自己喜欢的果实。

- 🧑 联系人：刘凤新
- ☎ 联系电话：13716412166

◆ **最舒适的住宿**

韵之源农家院	张建学农家院
ⓘ 推荐理由：干净、卫生，还可以采摘	ⓘ 推荐理由：干净、卫生
¥ 价　格：120元/人	¥ 价　格：150元/标准间
👤 联系人：张士杰	👤 联系人：张建学
☎ 电　话：010-61389448	☎ 电　话：010-61389288

◆ **最便捷的行程**

🚌 乘车：1. 乘坐917路公共汽车到房山站或（长沟）云居寺路口站下车，换乘12路、31路公交车，到云居寺站下车向前500米即到水头村。

　　　　2. 乘836（房山、张坊支线）路，至良乡体育场路、良乡西门、房山站，换乘12路、31路公交车，到云居寺站下车向前500米即到水头村。

🚐 自驾：1. 京石高速，从琉璃河出口下，经韩村河走房云路往十渡方向到水头村即可（云居寺附近），距三环路100分钟。

　　　　2. 北京——六里桥——京港澳高速——琉璃河口下——韩村河——云居寺路口——水头村。

　　　　3. 北京——六里桥——京港澳高速——房山口下或阎村口下——周口店——云居寺路口——水头村。

◆ **最经典的线路**

一日游：
云居寺—小西天—大石窝石雕艺术宫—农家院

北京美丽乡村休闲攻略

水村山郭"小十渡"

南观村

（房山区青龙湖镇）

最美点"睛"

水美、鱼美、人更美

南观村有房山区"小十渡"的美称。

南观村以水著名，以鱼为最美。南观村的龙潭泉供养了全村的居民，是南观村的生命河。泉水清澈见底，鱼、虾悠然自在。潭水不深，浅处漫不过膝盖，最深处也超不过一米，泉水从石下缝隙处涌出，常年翻涌绕村流淌与大石河交汇。遇到雨季雨水多的时候，河潭里涌出翻滚的泉水形成水晕，河水涨满河槽，景色十分壮观，令人留连忘返。夏天水温较低，如果把手伸进水里顿感冰凉，令人心旷神怡！鱼池垂钓园、特色农家院为游客提供了餐饮、住宿、休闲、旅游、观光、采摘一系列的服务。全村有10余家特色垂钓园，垂钓园里有各色的鱼种，像虹鳟鱼、鲟鱼、鲈鱼、鲳鱼、鲫鱼、鲤鱼等，而且可以为游客提供垂钓渔具。游客们垂钓到的新鲜活鱼可以直接烹饪上桌，满足游客吃、喝、玩、乐、住、行一体化的需求。全村特色民俗农家乐有30多家，吃着正宗的农家菜、住着传统的农家火炕让游客感受农村生活的惬意和温馨。

南观村2010年就被评为"北京最美的乡村"，先后被评为"先进党支部"、"市级民俗旅游村"、"首都绿色村庄"、"京郊山区发展先进村"，并连续多年被评为"首都文明村"。南观村已经成为集休闲、旅游、垂钓、餐饮、采摘、居住于一体的民俗旅游专业村。

●●● 最佳攻略

◆ 最吸引人的活动

垂钓

南观村有10余家特色垂钓园，垂钓园里有虹鳟、鲤鱼、鲈鱼、鲫鱼等不同种类的垂钓池，可以满足爱好垂钓朋友的各种垂钓需求。

参观葡萄种植庄园

南观村积极招商引资，吸引了著名的葡萄酒公司前来投资葡萄种植、深加工等，如今正在积极筹建酒庄，已经建设好并形成规模的葡萄种植庄园可以满足游客观光、采摘需求。

◆ 最美的季节

南观村风景秀丽，空气怡人！清澈的泉水由龙潭涌出沿河道弯弯曲曲从村西流过，常年不息。春夏秋季百花争艳，与翠绿群山的生态林区相互辉映，描绘出一幅美丽的图画！南观村多面环山，有美丽的垂钓园、特色农家院。春天可以来这里踏青旅游，看万物复苏；夏天可以前来垂钓、避暑、休闲，品农家美食；秋天可以采摘、观光葡萄庄园；冬天可以赏雪度假。

◆ 最好看的风景

南观村多面环山，有太阳山、望泉坡两大观光景点。在山顶上又修建了观光亭，故被称为太阳亭和望泉亭，吸引了大量的游客来此休闲观光。踏着水泥、瓷砖铺制的山间小路，爬到山顶在凉泉亭和太阳亭里驻足远望和休息，站在山顶上可纵览南观村全村景观，微风吹来，任何的烦恼都会烟飞云散。任何季节只要来到南观村，登高望远是一定不容错过的。

¥ 票价信息：免费

北京美丽乡村休闲攻略

◆ **最天然可口的饭菜**

全村特色民俗农家乐有30多家，有名的特色菜
包括：烤全羊、贴饼子、烤虹鳟、酱焖
鱼、干锅黄金饼等。

玉芳农家院

特色菜：鸡蛋羹、炖柴鸡、酱焖
鱼、各种野菜等。

ⓘ 推荐理由：户主热情好客、价格便宜实
惠、干净卫生
¥ 人均消费：根据点餐情况
👤 联系人：张广玉
☎ 联系电话：010-60385499

◆ **最乡土的特产**

南观村有著名的葡萄酒公司来这里投资建设，
有大片的葡萄种植基地，特产里当然少不了葡萄。
除了葡萄，还有杏、芽枣以及各种野菜等特产。

◆ **最舒适的住宿**

玉芳农家院

ⓘ 推荐理由：干净、卫生，吃住、上网、娱乐、休闲一体化
¥ 人　均：80元/人
👤 联系人：张广玉
☎ 联系电话：010-60385499

◆ **特色垂钓园**

全村有10余家特色垂钓园。

推荐理由：垂钓园除了可以满足游客垂钓需求，还可以提供餐饮、住宿、娱乐、
会议、休闲等需求。

飞达垂钓园
👤 联系人：王飞
☎ 联系电话：010-60385629

大鹏垂钓园
👤 联系人：杨秀莲
☎ 联系电话：010-60384188

绿荫垂钓园
👤 联系人：顾敬英
☎ 联系电话：010-60385146

双新垂钓园
👤 联系人：佟建新
☎ 联系电话：010-60385758

◆ 最便捷的行程

🚌 公交：1. 可从北京南站、丰台火车站乘坐京原线列车到南
观站下车。

2. 前门西站乘坐901路到燕化东岭下车，换乘房
20、21、22、23、24、25到南观村。

3. 北京世界公园乘坐城铁房山线在苏园站下车换乘833路、971路或房13路到磁家务村下
车，到对面换乘房20、21、22、23、24、25路车到南观村。

🚍 自驾：1. 京石高速——燕山石化出口——大件路——羊头岗村向北——南观村。

2. 京石高速——良乡出口——良坨路——沿河路——坨里——磁家务村——万佛堂村——南
观村。

3. 京石高速——良乡出口——京周路——大件路——羊头岗村向北——南观村。

◆ 最动人的故事

观音庙

南观村之名来自村北的观音庙。明朝中期，有位道长发现这里四面环山、山清水
秀，是个修道成仙的好地方。于是，他筹集资金，在这里建了一座坐北朝南的道观。
道观正房三大间，青砖砌墙，屋顶青色阴阳瓦，四周飞檐走壁。大殿内，墙上布满彩
画，色彩斑斓，浑厚庄重中又有一股清雅之气。正对门口供奉送子观音和无数的泥娃
娃，均用金水塑身。屋檐下的大柁上雕有兽头，嘴里衔着大钟的环，大钟直径有600毫
米，每当大钟敲响，方圆十几里都听得见。嗡声嗡气，十分庄严，胆小的人来到这里
会觉得有些胆怯。道长懂得些医术，救治了很多来这里求医问药的人们。据村里的老
人说，在20世纪30年代庙宇还在，香火还很旺盛。后来被日本侵略者的飞机炸毁了庙
宇，从此老道也就不知去向了。

铁拐李与南观村

铁拐李是南观村外沙窝村人，以砍柴和偷盗为生。老人们讲，铁拐李偷盗时，先用
铁拐在墙上挖洞，然后，举着葫芦头伸进洞里试探是否有人。一天，铁拐李到南观村的
雾山上砍柴，到了山顶发现两个仙人正在下棋，于是凑了过去。两位仙人一边下棋一边
拿着桃子等果品吃。这两个仙人总是吃掉半个，扔下半个，铁拐李就捡起放在嘴里吃。
他边看下棋边看着远处，发现山一阵黄，一阵绿。铁拐李准备回家时，发现斧头锈了，
烂了。原来，铁拐李看下棋一看就是几十年。就这样，铁拐李来到村西的影壁前写下
"前几年我去偷，一下砍在葫芦头。儿孙自有儿孙福，不为儿孙做马牛。"写完后，铁
拐李离开村子，开始了仙游生活。

◆ 最美微评

2010年网络投票评比第一名。

大峪沟村

柿柿如意第一村

（房山区张坊镇）

最美点"睛"

　　大峪沟村号称中国磨盘柿第一村，是北京地区柿子产量最多的村。大峪沟村盛产的清汤磨盘柿远近闻名，具有"清汤、薄皮、型美、色艳、味甜"等特点。明成祖定都北京后，作为贡品年年进奉。大峪沟的磨盘柿栽培历史可追溯到明代，该村现有百年柿树3000余株，有唐代摩崖石刻。自1998年起先后被国家农业部、财政部批准为磨盘柿生产基地，先后被上级有关部门命名为磨盘柿标准化生产基地、房山区农业标准化基地先进单位；柿子产品被国家绿色食品中心评为绿色食品、被中国果品流通协会评定为"中华名果"。从2004年开始，该村借助磨盘柿深厚的文化底蕴和发展优势，打造集观光采摘、民俗休闲、旅游度假、文化展示等多位一体的"中国磨盘柿第一村"，努力实现磨盘柿人均占有量第一、磨盘柿管理水平第一、磨盘柿科技含量第一、磨盘柿人均收入第一。

　　大峪沟全村现有人口960户，1572人。村域面积10.4平方公里，磨盘柿种植面积2000余亩，从事磨盘柿生产的果农有480户。大峪沟村1999年被认定为"市级磨盘柿生产村"，2010年被评为"北京市生态村"，2012年被评为获得"北京最美的乡村"。

●●●● 最佳攻略

◆ 最吸引人的活动

村口柿子园

　　村口的柿子园是一片大型的柿子种植区域，也是磨盘柿科技示范园，是大型磨盘柿示范基地。柿子园里有成片的柿子树，除了柿子树还有其他果树、花卉等。每到秋季柿子成熟的季节，挂满枝头的柿子个个硕大无比、甜美诱人，成批的游客可以前来采摘、观光、休闲还可以拍照留念。看着柿子、拿着柿子、吃着新鲜的柿子，幸福的感觉溢于言表。

◆ 最美的季节

最美在深秋

　　秋季是柿子成熟的季节。每到柿子成熟的时候，鲜红硕大的果实就像挂满枝头的红灯笼一样鲜艳、喜庆。山下有磨盘柿科技示范园、采摘园、民俗园和民俗户，农家院枣林山庄可以为城市居民提供休闲、观光采摘，让游客回归大自然怀抱，观赏自然景观，体验农民丰收的乐趣，呼吸新鲜的空气，感受田园生活。

◆ 最好看的风景

磨盘柿主题公园

　　大峪沟村设有游客接待站、磨盘柿雕塑、特色农产品售卖亭等设施；整修河道3000余米，栽植乔木、花灌木2万株；以景观节点为重点，展示每一区域不同景观特点，将村庄民居融于自然美景。同时，为了充分挖掘磨盘柿文化底蕴，该村绘制以磨盘柿为主的文化墙5000平米，突出特有的磨盘柿文化特色，彰显传统文化与现代文明的交融，建成集采摘观光、休闲垂钓、餐饮住宿、科普旅游等多功能于一体的民俗旅游乡村。来到大峪沟，感受磨盘柿的文化，体验农民丰收的喜悦，会让你更加珍惜这来之不易的好生活。

北京美丽乡村休闲攻略

◆ 最天然可口的饭菜、最舒适的住宿

云山霞旅游休闲度假村
¥ 价　格：150元/人（三餐＋一宿）
联系人：苏春山
联系电话：15699916126

启明农家饭庄
¥ 价　格：150元/人（三餐＋一宿）
联系人：朱启明
联系电话：61338038

秀标农家饭庄
¥ 价　格：150元/人（三餐＋一宿）
联系人：申秀娟
联系电话：13910925006

◆ 最乡土的特产

　　大峪沟村最主要的特产当然是磨盘柿，秋季是柿子采摘最好的季节。

柿子采摘园推荐：
推荐1：杨旭东　电话：13717619027
推荐2：张　琳　电话：13381019228
推荐3：苏月华　电话：13511003257
推荐理由：成片的柿子园，方便游客采摘，价格实惠
除了柿子，大峪沟村还有菱枣、香椿等
菱枣　采摘季节：秋季　价格：10元/斤
香椿　采摘季节：春季　价格：5元/斤

房山区

大峪沟村

◆ 最便捷的行程

🚌 公交：1. 从北京站步行约10米，到达北京站东站乘坐729路，经过8站，到达天桥站（也可乘坐692、20），步行约510米，到达天桥站乘坐836快，经过13站，到周口店路口站，乘坐房19，经过23站，到大峪沟。
　　　　2. 天桥长途汽车站乘坐开往张坊方向的917路公交车到张坊镇下车，换乘出租或小公交即可到达。

🚙 自驾：行驶到京石高速公路，进入京石高速公路。沿京石高速公路行驶，向琉璃河出口方向，进入周张路。沿周张路（向云居寺/十渡方向）行驶到第五个红绿灯左转弯，然后见第一个红绿灯右转，直行约12公里左右，见第一个红绿灯左转，能见到大柿子标志，即大峪沟村口。

◆ 最经典的线路

　　北京——房山张坊大峪沟——秋季采摘柿子——到快乐农场，体验自己种植瓜果蔬菜——来农家院餐饮、住宿

◆ 周边景点

云居寺

　　云居寺是国家4A级景区，是国内外著名的佛教寺院，享有"北方巨刹"的盛誉。云居寺建于隋末唐初，经过历代修葺，形成五大院落、六进

殿宇。两侧有配殿和帝王行宫、僧房，并有南、北两塔对峙；寺院坐西朝东，建筑规模非常宏伟。云居寺离大峪沟村只有4公里，游客可以前往游玩。

¥ 门票：40元/人

大峪沟摩崖造像

摩崖造像位于房山区张坊镇，距房山城西南约40公里。在面朝南的青石断面上，有造像两龛，右侧一龛高088米，宽098米。中为佛祖释迦牟尼坐像，两侧各为其弟子或金刚力士，顶部为二飞天。共有造像9尊。龛的两侧有题记。左侧一龛高17米，宽85米，有释迦牟尼垂足端坐造像。右侧一龛为唐代左侧一龛较之前者稍晚，与云居寺唐塔上人物浮雕同属一种艺术风格。为房山区重点保护文物。

¥ 门票：免费

爱琴海薰衣草庄园

北京爱琴海农业观光有限公司，位于北京市房山区张坊镇，占地10万余平米，紧邻十渡风景区，园区是一个以薰衣草花海为主题的庄园，园内项目有梦幻般的爱丽丝城堡、震撼的风车王国、爱情号蒸汽火车、香榭丽舍大街（欧洲实景再现）、3D仿真沙滩（小马尔代夫）、缤纷花海区（薰衣草、天人菊、马鞭草、波斯菊、千日红、柳叶、百日草、硫华菊、玫瑰、四季薰衣草、二月兰等）、天使乐园、动漫主题园、生肖文化园、柿子林戏水区、中国元素区、儿童汽车安全驾驶体验区等。总之，无论拍照、观光旅游、休闲度假，爱琴海一定是你的最佳选择——爱我就带我去爱琴海！

¥ 门票：30/人

◆ **最美微评**

以前就知道那里的柿子好吃，五一小长假去过，感觉建设得也漂亮。期待有更好的发展。

身未动 心已远

我前几天刚去的这里，风景很美，而且我真的体会到了最朴素劳动人民的热情，我在一家农家院过的夜，那家农家院虽然没有高档酒店的奢华贵气但是很卫生，院主待人也很热情，还告诉我们去哪里最好玩，下次还会去那，那里的风土人情真的好淳朴！

飞走的燕子

明清古村展新颜

水峪村

（房山区南窖乡）

最美点"睛"

　　"桃源仙境天上有，不知何时落人间"说的正是水峪村。水峪村形成于明朝初期，已有六百多年的历史，全村现有493户，1317人。现存古宅100套，600间，古石碾128盘，还有远近闻名的古中幡以及27.5公里长的古商道。村域面积10平方公里，村落沿河谷而建，全村山地面积达96.7%。四周环山，植被丰富，林业覆盖率达73.6%。

　　水峪村2004年被确定为市级民俗旅游村，在2008年寻找"北京最美的乡村"评选活动中，水峪村获得提名奖，获得2011－2012年度"北京最美的乡村"称号。以古宅、古碾、古中幡、古商道为代表的"四古文化"蕴藏着水峪村深厚的文化底蕴和历史气息，构成了水峪村特有的历史文化景观。

●●●● 最佳攻略

◆ 最吸引人的活动

垂钓：村子里有一个水库，水库面积很大，水库里边有鲤鱼、鲫鱼、草鱼等，可以垂钓，而且农户可以提供垂钓渔具。游客可以把垂钓到的鲜鱼让农户给烹饪上桌。

🌐 联系人：王庆成

☎ 联系电话：010-61305084 / 13716511275

◆ 最美的季节

水峪村多面环山，而且还有水库、特色农家院。春季可以来这里踏青赏花，夏季可以来这里避暑、垂钓，秋季可以登高、采摘，冬季可以来这里赏雪。一年四季可以来这里住农家院，吃农家菜。

◆ 最好看的风景

一是古宅。目前，水峪村仍完整地保留着明清时期的古宅100套，600余间。古宅分三合院、四合院，风格自由灵活，随山就向，高低错落，因地制宜，石块垒墙，石板封顶，木质框架。门楼有砖雕、石雕，有的有门罩，上面有彩色岩画，或荷或兰，远远看去幽静典雅、古色古香，蕴藏着深厚的文化底蕴。比较著名的历史文化景观有杨家大院、街屋、四个先生院、东西翁桥、罗锅桥、娘娘庙、大槐树、赏月丘、鸳鸯井和雌雄双槽等。

二是古石碾。水峪村中分布有道光18年、光绪33年等大小不同、用途各异的石碾128盘，全部由当地所产青石制作，碾盘碾砣花纹各异。2008年获得上海大世界吉尼斯中国收藏之最证书。这一盘盘石碾是水峪村的传家宝，现今仍为人所用，成为水峪村的一道历史人文景观。

三是古中幡。水峪中幡可以追溯到明洪武、永乐年间，盛于清咸丰年间。水峪中幡是北京非物质文化遗产，不仅参加过2008年北京奥运会开幕式的垫场演出，

还参加了建国60周年大庆的庆祝活动以及第一届全国农民艺术节等重大演出活动，现在已经成为水峪历史文化的一张名片。中幡本是一项男人的运动，但是在水峪村，女子中幡已经在北京甚至全国打出了名气，

水峪女子中幡：北京市非物质文化遗产

北京美丽乡村休闲攻略

在一些庙会或者晚会上经常可以看到水峪村女子中幡队的精彩表演。

四是古商道。水峪村南岭古商道有27.5公里长，从豹井沟爬小西岭，至莽莽的南大龄蜿蜒曲折。在没修国道之前，这里是西南方向进京的必经之路。后来修建了国道，有了汽车，这条路渐渐失去了往日的喧闹和繁华，只留下牲口的蹄印掩于杂草之中。

¥ 门票：免费
☎ 咨询电话：010-60375952

◆ 最天然可口的饭菜

水峪村共有493户，有5户农家院。集住宿、餐饮、采摘为一体。可以提供美味的饭菜。特色农家饭有：水库鱼、羊肚蘑、腌酸菜、糙菜、腌茼蒿、炸香椿芽、窝头等各种农家菜。

山水人家
ⓘ 推荐理由：洁净好吃、价廉物美，还有垂钓园
¥ 价　格：根据点餐情况而定
联系人：王庆成
☎ 电　话：010-61305084 / 13716511275

祥和农家院
ⓘ 推荐理由：特色美食，地处古民居内
¥ 价　格：根据点餐情况而定
联系人：王希全
☎ 电　话：010-61305230 / 13910519747

长岭屯农家院
ⓘ 推荐理由：洁净好吃、价廉物美，风景独特
¥ 价　格：根据点餐情况而定
联系人：王胜忠
☎ 电　话：61305456 / 15901301878

好客农家
ⓘ 推荐理由：交通方便
¥ 价　格：根据点餐情况而定
联系人：王怀建
☎ 电　话：13716770187

小妹农家院
¥ 价　格：根据点餐情况而定
联系人：王小妹
☎ 电　话：13701285662

◆ 最乡土的特产

黄嘴杏、山楂、核桃、板栗、柿子、九九桃王、水峪京枣三九等。

西山采摘园
☎ 联系电话：010-60375952

◆ 最舒适的住宿

共有5户可以提供舒适的住宿，除了住宿，还可以提供餐饮，有的还可以提供垂钓。

山水人家

- ⓘ 推荐理由：标准间、套间都有，设施齐全，干净卫生，还有一个水库可供垂钓
- ¥ 价格：标准间150元，三人间200元
- 👕 联系人：王庆成
- ☎ 联系电话：010-61305084 / 13716511275

长岭屯农家院

- ⓘ 推荐理由：干净卫生，环境优雅舒适
- ¥ 价格：土炕每位30元
- 👕 联系人：王胜忠
- ☎ 联系电话：010-61305456 / 15901301878

祥和农家院

- ⓘ 推荐理由：标准间、套间都有，设施齐全，干净卫生，地处古民居环境古朴幽静
- ¥ 价格：标准间120元，三人间150元
- 👕 联系人：王希全
- ☎ 电话：61305230 / 13910519747

◆ 最便捷的行程

🚌 公交：1. 北京前门西或是六里桥北里乘坐901路至燕化东岭换乘房山至南窖23路到水峪村下。

　　　2. 北京苹果园乘948路沿108国道在红煤场下车，换乘到南窖23路到水峪村下车。

🚗 自驾：1. 北京上京石高速，良乡镇或闫村出口，经闫村镇、坨里镇、河北镇、佛子庄乡政府，沿108国道到红煤场三岔口，看到南窖牌楼，左转进入红南路，到水峪三岔口，向右看见水峪民俗村铁牌直行即到。（本路线用时80分钟）

　　　2. 莲石西路衙门口桥直行，卧龙岗稍向左转进入108国道，经苜萝坨隧道、潭柘寺隧道沿108国道进入京昆路在鲁家滩新桥直行过松树岭、三十亩地，东庄子大桥，河北镇，佛子庄乡，沿108国道到红煤场三岔口，看到南窖牌楼，左转进入红南路，到水峪三岔口，向右看见水峪民俗村铁牌直行即到。（本路线用时50分钟）

◆ 最动人的故事

杨万俊免费送豆浆

　　说到该村的名人，不得不提南窖乡水峪村的老会计、八年来坚持每天给老党员和孤寡老人免费送豆浆的杨万俊老先生。老先生如今已经75岁，虽年逾花甲、满头白发，但精神矍铄、腰不弯、气不喘、一脸的红润。他并没有因为年纪大而放弃自己免费送豆浆的行为，反而成为老先生的一个习惯。他的事迹被《新京报》、《北京郊报》、《北京日报》、北京电视台、北京广播电视台以及中央电视台报道和播出过。喝到他送的免费豆浆的老人们甚是感动，都觉得比他们的亲生儿女都亲。老先生获得很多奖励，然而老先生却觉得这没什么，觉得这是一个合格共产党员应该做的事。

◆ 最经典的线路

　　一日游：四古文化—采摘园—水库垂钓—农家院

◆ 最美微评

　　一个古朴犹如世外桃源般的小山村。很有年代感。

快乐一游

北京最美的乡村
The Most Beautiful Village In Beijing

- 古运码头蕴新风——皇木厂村

- 名闻中外"画家村"——小堡村

- 碧水环绕倚长安——大营村

- 节能环保新农村——武疃村

- 知识创新助生产——大沙务村

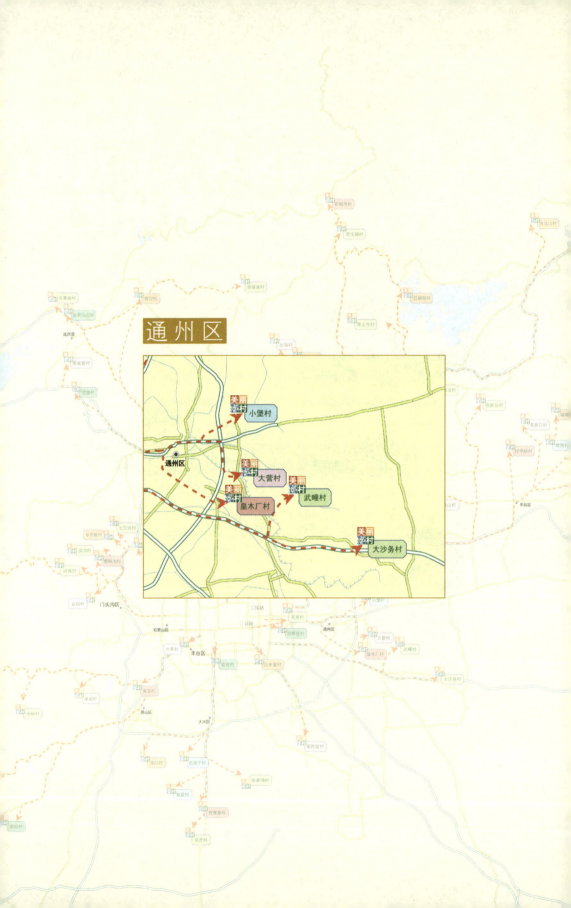

通 州 区

皇木厂村

古运码头蕴新风

（通州区张家湾镇）

 最美点 "晴"

观望历史的陈迹　感受生活之静美

皇木厂村，大运河畔的最美乡村。与"皇"沾亲，自然处处彰显大气，高大气派的"前门"入口，由北往南一条整洁宽敞的大道穿过三门两厅纵贯村庄。外厅的大道为商业街，道路两旁商业繁华，风味餐馆众多。第三门以内为舒适娴静的生活区，二层小洋楼式家舍蔚然成风，但都各有其风格、情调。一条水渠贯穿村子东西，渠中荷花、观赏鱼，渠上拱桥、憩息亭让水渠独具魅力。村子西北角有一池绿水是村中景色绝佳之地，池畔亭台楼阁、花柳长廊映水而建，双重景色美轮美奂。依傍水渠、碧池的建筑及村里的公共建筑都古香古色，尽显皇家华丽、雅致之风范。

皇木厂村历史悠久，源远流长。据史书记载，公元1406年，明朝永乐四年，朱棣分遣大臣到四川、江西、湖广、浙江、山西等省采伐珍贵木材之后，装船经大运河水路运输到皇木厂码头卸货，并储存在这里，再经陆路运到北京。"皇木厂"就因这里曾是建设北京城内外皇家园林所需木材存放地而得名。当年管理木厂的官吏于木厂四周栽植了许多国槐，现今只剩下木厂东南角的一棵。该槐树至今已有600多年，历经多年风雨变故，仍然枝繁叶茂，焕发着勃勃生机。其主干胸径近2米，四根巨大树杈分指四方斜向青天，冠装如伞，茂盛滴翠，十分壮观，在京城内外实属罕见，是皇木厂村的历史见证。

最佳攻略

◆ **最美的季节**

　　春夏两季，春季万物复苏，绿意盎然，各色花儿竞相开放，玉兰花势尤为喜人。夏季在骄阳的淬炼下植物更显得夺目。绿得油亮，红得出格，粉得娇艳。没有城市中的喧嚣与烦杂，自然环境优美大气，生活、休闲、娱乐设施齐备，这里自然是观景、纳凉的好去处。

◆ **最好看的风景**

　　漕运巨石、漕运石杈、大运河古河道遗址，古老的事物必有其丰厚的历史，即使古韵不再，但是其历史情怀犹存。600年树龄古槐树虽已历经风霜，但任枝叶繁茂，见证了新村600多年的发展演变。新村风貌不仅体现生活的舒适同时还尽显雅致大气，值得游览。

🚌 **路线：** 从京津公路路口步行700米，可参观观光塔和漕运石杈，再步行250米可参观大运河古河道遗址，继续步行300米可参观古槐树和新村风光

📞 **电话：** 61562763

💰 **价格：** 旅游接待费20元/人
　　免览游览

◆ 最天然可口的饭菜

全村共有8户可以提供美味的饭菜。

推荐：市旅游局挂牌旅游接待户

特色菜：凉拌肚丝、凉拌海蜇、扣肉、高丽肉、宫保鸡丁、盐爆肚丝、四喜丸子、炸豆腐、爆炒青豆、蜜汁南瓜、青瓜虾仁。

¥ 人　均：120元/人

联系人：旅游接待站办公室主任　陈丽萍

☎ 电　话：61562763

◆ 最乡土的特产

葡萄、苹果、蜜桃。

李军采摘园

采摘葡萄、苹果、蜜桃，每斤高于市价25%。

◆ 最舒适的住宿

共有8户可以提供舒适的住宿。

推荐：挂牌旅游接待户

¥ 价　格：120元/天

联系人：陈丽萍　　☎ 电　话：61562763

通州区 皇木厂村

◆ 最便捷的行程

🚌 公交：1. 北京站东站乘坐938路在北京热交换气厂站下车。

2. 668在九棵树下车乘坐通5、13、14路在热交换气厂站下车。

3. 乘坐地铁1号线（四惠东方向），在四惠东下车，乘坐八通线，在土桥站下车（B口出），步行至城铁土桥站，乘坐通5路［或 通20路，北京938路（东段），北京938路（西段），通13路，通22路，通21路，通9路, 810路］，在北京热交换器厂站下车往南从似前面建筑物进入。

🚐 自驾：从北京站走二环到通惠河北路高速公路，走到京东快速路，再走五环到京哈高速，最后走六环沿六环行驶3.2公里，在施园北桥从京塘路/天津出口离开稍向右转进入土桥新桥，沿土桥新桥行驶500米，稍向右转进入京塘路，沿京塘路行驶520米，右前方转弯行驶740米，右转行驶300米，到达终点(在道路左侧)到达皇木厂村。

◆ 最美微评

　　较之漕运巨石、古运河码头、古槐树这些具有历史意义的景物，新村风貌更胜一筹。新村建设得安逸舒适、悠闲自在，布局体现处处有景，季季景致出色。这里可以体验平静生活的幸福。

北京美丽乡村休闲攻略

名闻中外"画家村" 小堡村

（通州区宋庄镇）

最美点"睛"

体验舒适闲晴　博览群英艺术

青黄琉璃、绿紫金灰、造型各异的现代美术馆，梧桐秋千、亭台回廊别致幽静的古朴农家下院，这些用各种风格、色彩所呈现的功能各异的艺术品在宋庄镇小堡村都能完美地镶嵌相融，让人始终有此时不知下一刻会邂逅哪种美的好奇感。游走于艺术藏馆、博物馆等展览区，新奇独特的场馆建筑就能让人为艺术的魅力而赞叹，馆内艺术作品的美就任由你去欣赏、品鉴了；游走于艺术家生活工作区，一切花草树木、山石流水、雕像建筑都是艺术元素，各自的风采、相融的魅力无不散发着浓郁的艺术芬芳；游走于休闲娱乐区，穿堂过户，一步一景，各种新的旧的饰品、物品的陈列，给人以甜蜜、温馨的触动。

自1994年一位画家带着简单的行囊和成名的梦想留居于小堡村，开启小村的艺术之旅以来，来自世界各地以绘画为主的文化艺术在村内长期积淀，如今有来自全国各省市及30多个国家的艺术家已达到5000余名，文化机构达到200余家，2000平方米以上的美术馆达到30余家。国防工事、环湖艺术区等俗称宋庄"画家村"的相对集中的艺术家生活工作区12个，各种收藏馆、博物馆有20多家，与之配套的画材店、装裱店、画框店30余家，各种风味的餐厅饭店达上百家。

●●● 最佳攻略

◆ 最吸引人的活动

宋庄艺术节

　　每年在宋庄举办的"宋庄艺术节"吸引近10万游客，并已经成功举办了8届。每年的艺术节通过各种展览、学术讲座凸显宋庄当代、原创、生态、前沿的特点，已经成为国内最大的文化艺术节。

　　平日里小堡村同样沉浸在忙碌的艺术氛围中，艺术家们来往创作，村域内众多艺术场馆有着各种丰富多彩的展览，最可贵的是绝大部分展览都对外免费开放，可以让游人尽情欣赏各种艺术作品。

◆ 最好看的风景

国防艺术区

　　经过数次绿化改造后，现已成为小堡村村域内环境最为优美的艺术区之一，每年夏秋交替的季节，绿树成荫，形成绝好的绿化景区，再加上周边艺术工作室林立，游人可在欣赏风景的同时体会艺术的氛围。

两湖艺术区

　　在经过重新修复及绿化改造后，两湖艺术区现已建设得绿意盎然，周边艺术场馆根据两湖周边景色设计而成，与两湖周边景致浑然一体，使游人流连忘返。

休闲娱乐区

静谧高雅的休闲咖啡厅，竹影斑驳、光怪陆离的娱乐场所，具有无尽的舒适甜美或热情酣畅的享受。

◆ 最天然可口的饭菜

苹果树下餐厅"毕加索"系列、米娜餐厅、神农石锅鱼、老关记淮扬土菜。

苹果树下餐厅的"毕加索"等菜品采用特色制法，加上别具特征的名称和室内装饰，让人体会艺术与美食结合的美妙。

米娜餐厅的店主本身就是艺术家，餐厅的特色包括软炸香菇、豆花鱼、毛血旺、鱿鱼茶树菇等，配上店主自制的薄荷酸梅汤，是消暑纳凉、朋友聚会的好去处。

◆ 最乡土的特产

小堡村特色以文化创意产业为重点，不论是喜好山水丹青还是崇尚现代艺术，均可以在村中找到志同道合的朋友。其产业围绕文化创意产业发展，不论餐饮还是旅游，均可找到艺术的气息。村内云集各派画家与艺术家，各种艺术品云集，绘画、墨宝，现代艺术家的各种艺术作品应有尽有。

◆ **最便捷的行程**

🚍 **公交**：地铁国贸站向东至大北窑车站，乘坐808或809路公交车到小堡商业广场站下车即到。

🚌 **自驾**：从京通快速路向东行驶至通燕高速，东行至中国宋庄牌楼，驶入即到。

◆ **最经典的线路**

艺术展馆游：大北窑公交站——国防艺术区——上上国际美术馆——宋庄美术馆

宋庄作为知名的艺术集聚区，村域范围内有众多的艺术场馆与工作室，众多的游人到此也是为了体验艺术氛围、欣赏艺术作品，以上这这几家场馆不仅是宋庄最有特色的场馆，而且以这些场馆为中心辐射四周，是宋庄的核心艺术区，可以令游人尽情欣赏。村内设有摆渡车，为游人游览提供便利。

◆ **最美微评**

艺术很远，因为不是每个人都能创作艺术；艺术很近，因为这里处处皆是艺术。艺术在这里和谐地融入、和谐地表露着。艺术展览馆、工作室等集聚的地方是什么样的？艺术家生活工作的地方是怎样的环境、氛围？身处全方位弥漫艺术气息的地方是怎样感觉？小堡村是你认识、体验、感悟这一切的最好去处。

北京美丽乡村休闲攻略

碧水环绕倚长安

大营村
（通州区潞城镇）

最美点"睛"

品味纯正生态农业　走进天然绿色氧吧

　　山河环绕、名木环抱、瓜果丰盛、花香四溢，大营村既是一个庞大的生态旅游园，又是一个休闲度假的绿色氧吧。无论哪个季节都不只是感受纯正、自然、健康的美丽，而且还能收获纯正的、绿色有机食物。大营村自开发建设以来，共引进各地各种名贵花木近400万株，绿化覆盖率达70%～80%，村北新建的两百多亩的生态园林已形成相当大的规模。春季看旧枝抽新芽迎来新的希望，夏季看浓郁的绿色焕发生机，秋季脚踩落叶感受清秋苍劲之美。村南则有新建的漕运码头和景观果园，是集居住、观光旅游、生态采摘于一体的现代生活区。居住有一户一园的高品质别墅200栋，别墅以花卉或林木作围墙，道路两旁花草娇艳绿树成荫。为打造"生态旅游"，全村建成梅花园、杜中园、银杏、玉兰、竹林、盆景园六大观赏性园林。由于整个大营村已经完全实现了良性生态循环，因此，村里五个采摘大棚、温室大棚及260亩露地菜田所生产的各种鲜美的蔬菜瓜果都是无污染、营养价值丰富的有机食品。这个坐落在通州区潞城镇大运河畔，地处大运河森林公园，交通便利、景色宜人的运河生态民俗旅游村，这个枕着豪放、壮阔的大运河，又因相传400多年前，曾是封建王朝屯集兵马之地而得名的大营村，如今已发展成为集科技、生态、人文、休闲养生为一体的北京东部最富有绿色诗意的"天然氧吧"。

●●● 最佳攻略

◆ 最吸引人的活动

仿古四合院

村内于20世纪90年代建有一座占地约60亩的仿古四合院，院内设有各种奇石，种有名贵花草树木，更设有网球场、乒乓球室、KTV房等，还可接待一些重要的会议，游客们可以在这里吃住、娱乐，更可以足不出户地将美景一览无余。

村内杜仲园、玉兰园、竹园和银杏一条街

村内建有杜仲园、玉兰园、竹园和银杏一条街，且玉兰均为名贵品种，一年可开两次花。春天在众花中游走，夏天在竹园里乘凉，秋天在银杏树下丰收，感受这大自然的奇妙，令人流连。

游览漕运码头、京杭大运河、万亩森里公园

村主街道延长线往南为漕运码头、京杭大运河、万亩森林公园，闲暇之余，来这绿意浓厚、景色迷人的大营村，领略大自然风光，呼吸这绿色天然大氧吧的新鲜空气，是个不错的选择。

◆ 最美的季节

每年3至4月，可来村内植树；每年5至9月，可来村内进行采摘，游大运河、漕运码头、万亩森林公园；每年10至11月，可来村内银杏一条街进行拍照。

◆ 最好看的风景

北国春来太寂寥，从来玉兰展新颜。玉兰花都开了，春意正浓了。春季争艳的花丛中玉兰的大气是不可或缺的，高大挺直的树干上，开满了大朵大朵的或雪白或红或紫的玉兰，风

吹过，片片花瓣飘落，明媚的春光下，人面花颜都显得格外靓丽。

银杏一条街是大营村着重打造的旅游景点。银杏树，又名白果树、公孙树，是世界上现存最古老的果树之一。漫步街上，就如居卧于毯厚帐暖的毡房，用脚翻翻地毯似的落叶下还可找到宝贝——白果，可食用又有润肺、定喘、止带等功效。所以来银杏一条街，可观赏、可嬉戏留影还可淘宝哦。

◆ 最乡土的特产

以"生态旅游"为重点产业的大营村，花卉、苗木的种植与销售是其支柱产业之一。因此，村内种有的大面积玉兰、银杏、杜仲和竹子，无论是苗木、花卉还是果实，游客都可前来欣赏和购买。

各种生态农产品可供采摘。

◆ 最舒适的住宿

村内环境优美，自然景观多彩秀丽，清新、独特的别墅区内民俗旅游接待户共53户。户内装修简单大方、明亮整洁，生活设施齐全，处处彰显家的温馨感。入住农家户的同时，可以品尝到农家的绿色生态食品，清淡简单吃出健康来。

◆ 最便捷的行程

🚌 **公交：** 游客在北京站可乘804路在庙上站下车，再往前走大约100米即到。

🚐 **自驾：** 游客可自京通快速从通州北苑站口出来后，一直往东开，拐至宋梁路后，见第一个红绿灯往左拐，延弯路直开即可。

◆ 最经典的线路

一日游：

上午可在漕运码头、万亩森林公园观赏、游玩；中午到农家院用餐或参观仿古四合院并用餐；下午可在农家院或四合院中休息、娱乐，还可以去采摘些新鲜的瓜果蔬菜，观赏花卉。

节能环保新农村

武疃村

（通州区潞城镇）

最美点"晴"

清新花园聚和谐之美　红提葡萄迎八方来客

恬静优美的武疃村是个亲近自然，更大程度地观赏农作景观，体验乡村风情的好地方。漫长的优质可口的红提葡萄采摘季不容错过。走入武疃村的大门，宽阔、整洁的柏油马路延伸至远处，道路在两边茂绿成荫的大树和缤纷的鲜花的簇拥下显得十分静谧、惬意，让人有步入花园的感觉。武疃村主干道两旁多是采摘园林或经济花卉园，远处开阔地里也多是各种农作物，于是武疃村有更浓郁的农作气息、空气也更清晰。空气的新鲜不仅来自于这些农作物，近两年来村民们积极开展植树种草活动使整个村的绿化也达到相当水平。全村共栽种超600棵松树、国槐、柳树、银杏等树种，铺设草坪1400余平方米，种植鲜花上万株，多样化的植物种植，使得村内季季有鲜花有绿意。而今村庄的环境靓丽可人，春天村子的主色调是绿色，走到哪里都有绿树遮荫，真正是绿了空地、净了空气、美了心情，和煦的春风吹拂着让人流连忘返；夏季村里地势开阔、绿树成荫，自然凉快、舒适；秋天落英缤纷，泛黄的落叶勾起往昔的回忆；冬日雪坠枝头，银装素裹更显优雅风采。武疃村虽不能说是瓜果飘香，但红提葡萄却是远近闻名，品种多且优良，完全无公害种植。葡萄粒圆饱满，皮薄故而脆，果肉又香又甜。种植园可供游人自由采摘，充满了趣味，吃着自己亲手摘的葡萄就更是新鲜可口，回味无穷。

●●●● 最佳攻略

◆ 最吸引人的活动

葡萄采摘

武疃村近几年，大力投资打造葡萄采摘观光园，目前有200亩葡萄园，以美国红提为主打产品，同时配以夏黑、黑蜜、维多利亚、摩尔多瓦、金田玫瑰等不同优良品种，错开了以往单一采摘季节的时间，做到从7月初到10月底都能够有葡萄可采摘。

观赏花卉

村内花卉苗木生产基地有众多的苗木培育区、花卉种植园、温室大棚。园内、棚内精心培育种植的花草们，不管是应季的反季的，都娇艳喜人。购买、观赏都让人身心舒坦、愉悦。

◆ 最美的季节

夏、秋季，武疃村不仅是空气清新、环境优美的休闲纳凉的好地方，鲜美可口的红提葡萄更是这里最大的诱惑。

◆ 最乡土的特产

红提葡萄

☀ 采摘季节：9月底

¥ 价　　格：20元/公斤

武疃村的葡萄在2006年就已经完成无公害食品的认证，保证葡萄园区内的葡萄可以即摘即食，完全无公害。游客在采摘的同时可以先品尝各种不同的葡萄。相对其他地方的葡萄采摘，武疃村的除了果品优良之外，还有个非常明显的特点，那就是价格低廉。

◆ 最便捷的行程

🚌 公交：北京站乘坐804路到甘棠乡政府下车东行1000米（可打电摩的，费用5元）。

🚐 驾车：六环路土桥出口出，沿京津公路到大甘棠，沿武兴路向东至侉店村，向东1000米即到。

北京美丽乡村休闲攻略

知识创新助生产

大沙务村

（通州区西集镇）

 最美点"睛"

且看锦绣俏丽新乡貌　细品营养美味好乡食

　　来大沙务村可养身心，这里空气清新，潮白河边可垂钓可闲游；可观其景，村内处处是俏丽围栏；可食其味，双孢菇营养健康，草莓清甜爽口。

　　这里交通便捷，地理环境优越，自然风光秀丽，气候清爽宜人。炎炎夏日来到这里，顿觉清爽自在。道路两旁行道树挺立威武，树底各种花卉竞相开放。潮白河两岸的环堤旅游带密林葱郁，一年四季气象万千。春看柳翠杨青、百花争艳，尽享春绿之美；夏游长堤绿意，鸟脆虫鸣，独钓潮白河之鱼趣；秋捧硕果，漫步林静叶音，赏落叶飞蝶之姿；冬飘润雪，踏雪采莓，品评生命之轨迹。且看村内，村容村貌整洁优美，街道绿树红花，构成了一幅和谐自然的画卷。村内基础设施建设完善，居民住宅没有规划修建别墅或楼房，而是基本保持着北方常见的砖木瓦顶结构，门脸高大气派、色彩明亮，搭配美观，尽显北方雄浑大气之美。房前屋后、篱笆院墙，无处不有海棠、月季的映衬。村内开发生态农业，发展观光农业，使农民生活渐趋城镇化的同时又不失乡土本色。田间地头，且看那规划整齐的一片片果林、养殖棚，这才是新农村的风貌。双孢菇和草莓是大沙务村的特色农产品，双孢菇食在味道鲜美且健康营养，草莓食在新鲜美味且富含维生素，二者均可采摘。

●●●● 最佳攻略

◆ 最美的季节

　　大沙务村内有主街4条，东西、南北走向各两条，街道两侧有竹艺围栏修饰，海棠、月季、玉兰、国槐点缀其间。春季这里的景色分外宜人。漫步于斯，你可以闲庭信步，亲近自然。村东被环镇大堤围绕，堤上绿树成荫，骑行于上，仿佛穿梭于爱丽丝梦游的仙境。

◆ 最好看的风景

　　大沙务村的美景除了环堤旅游带的树景，还有就是道路两旁的、篱笆院墙上的花色了，青秀、俏丽两相宜。

◆ 最天然可口的饭菜

　　大沙务村盛产双孢菇，村民用天然绿色原料制作成生态保健餐，对于高血压、高血脂、高血糖等疾病起到了很好的预防和保健功效。到大沙务可以品尝到农家特色双孢菇炒肉。

◆ 最乡土的特产

　　如果你觉得市场上的双孢菇、草莓味道不够好、不够新鲜、也不知是否健康无公害，那么且来大沙务村吧！新鲜美味健康的双孢菇、草莓喜欢哪个摘哪个。

　　孟昭师、孟凡军草莓采摘园

💴 价格：40元/斤
📞 咨询电话：61576046
🕐 采摘时间：每年1~3月

◆ 行车线路

🚌 公交：大北窑南站乘坐810路公交或乘坐地铁八通线至城铁土桥站，乘坐公交810路至大灰店站，再换成通39路（注：此车只每日8:35/9:35/10:35三趟，如其他时间来村，暂需步行或者打电动摩的，今后会增设村内接站），没有公交时就顺双大路步行两公里。

🚐 自驾：从京哈高速上六环后，上通香路沿通香路行驶2.5公里，至大灰店村左转，上双大路后，直行2公里。

北京 美丽乡村休闲攻略
顺义区

北京最美的乡村
The Most Beautiful Village In Beijing

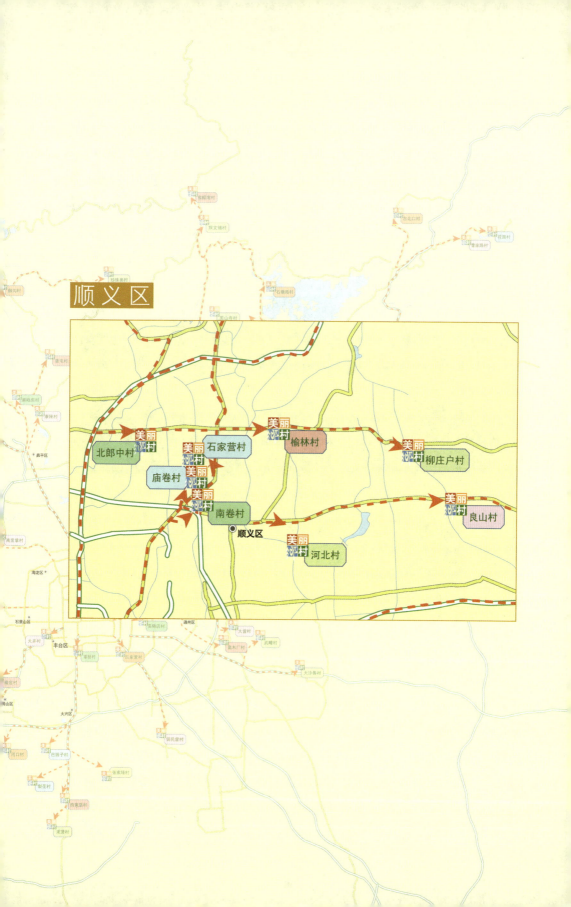

顺义区

北郎中村　美丽乡村

庙卷村

石家营村　美丽乡村

美丽乡村

美丽乡村　榆林村

美丽乡村　柳庄户村

南卷村

美丽乡村　良山村

顺义区

美丽乡村　河北村

绿色交响奏强音

北郎中村
（顺义区赵全营镇）

 最美点"睛"

北郎中村位于顺义区赵全营镇中心，全村现有520户，1500人，村域总面积6500亩，2006年首批被评为"北京最美的乡村"。

初闻北郎中的名字，一颗好奇心便升腾起来，待到村中询问，村里人告诉我，村子在明代永乐年间，瘟疫大肆蔓延，有位云游四海的郎中治住了瘟疫，挽救了全村人的生命。人们为了纪念这位郎中，为村子取名为"北郎中村"。由此也能深深感受北郎中人的感念之心与善良。

进入北郎中村犹如来到绿色世界，高大挺拔的白杨，绿油油的牧草随风摇曳，全村2/3的耕地被优质种苗林木覆盖。一片安静祥和的海洋里面，到处是彩色的画笔，把北郎中村装点的格外美丽，坐着观光的黄色小电瓶车在北郎中游览，风中伴着花香、果香，更是惬意！远处的颜色是那么有层次，绿色——浅绿色——粉红色……真是美极了！小车也是道亮丽的风景线，穿梭在林荫小道中还可以下车采摘时令水果，即使绿色都凋零了，不要担心，冬天的北郎中经过雪的洗礼，树上挂满了冰梢，更是难得的美景。还有要记得哦，这里一年四季都可以采摘呢，如草莓、樱桃、无花果、石榴……

有机水果园、种猪养殖场、环能中心，一路走下来，感慨北郎中人的勤劳与智慧，他们保留着绿色的原生态，又创造了现代的绿色保健。

最佳攻略

◆ 最吸引人的活动

亲子绘画及植树种花活动（节假日）

宝宝们身处在绿色植物和鲜花装点的温室大棚内，拿着画笔，脸上露出说不出的开心，此时的他们大概在心中早已画出一幅无与伦比的美画。在室外也不示弱，宝贝们在林荫小路中，抱着画板，拖着腮，脸上也不时露出喜悦之情，蝴蝶也会凑上前去飞上那么一圈，似乎想闯入宝贝们心中的美景……

⏰ 时间：定期的节假日（4月-10月）

菊花裁剪

北郎中培植各色品种的菊花，您来到这里不仅可以赏菊，更有机会亲自剪裁菊株！当把自己选好的菊花，裁剪整齐，归理成束，带回家放进花瓶，欣赏自己的劳动成果，更是赏心悦目！

◆ 最好看的风景

北郎中村便是最好看的风景了，春天的北郎中是一片绿色的海洋，绿色中还装点着五颜六色的水彩画。而冬天的村庄犹如城堡一样，万物都变得立体起来，在这里不但可以看到白色的别墅群、白色的雪人，还可以看到白色的树景，此时走进村中就如同走进了童话世界。当然，这里的四季都是花的海洋，北郎中有1500亩的花木培育中心，菊花、常绿树、蝴蝶兰，各色花草在这里争芳斗艳。仅蝴蝶兰，村内就有"内山姑娘"、"火鸟"、"新源美人"、"大富贵"等十余个品种的蝴蝶兰，30万余株。

📞 咨询电话：60432720
🏠 地址：北京市顺义区赵全营镇北郎中村

北京美丽乡村休闲攻略

◆ 最乡土的特产

北郎中村属企业及其产品统一使用"北郎中"商标，并连续被评为北京市著名商标。北郎中农工贸集团被评为"全国农产品加工示范企业"，连续被评为"北京市农业产业化重点龙头企业"、"农产品深加工科技创新机构"、"消费者满意单位"和"诚信服务示范单位"。引进先进管理体系，所属企业全部通过了ISO9001、ISO14000、HACCP等各种管理体系认证。品牌战略的实施，不仅带动了企业的发展、产品的销售，而且"北郎中"牌的产品多次荣获"最受消费者欢迎产品奖"、"产品畅销奖"和"消费者信得过产品奖"，黑小麦全粉和彩色糯玉米被国家特产协会评定为"北京特产"。

特产：彩色糯玉米、黑花生、黑猪肉、咸鸭蛋、水果。

◆ 最便捷的行程

🚌 公交：北京市境内：1. 在东直门乘坐916路，在牛栏山道口下，换乘856路车北郎中站下即到。
2. 在东直门乘坐915路，在便民街东口下，换乘30路或856路在北郎中站下即到
顺义境内：乘坐30路或856路车在北郎中站下车即到。

🚗 自驾：北京市境内：沿京承高速赵全营出口向东5至6公里处。
顺义境内：顺安北路至牛栏山路口，昌金路左转至赵全营方向，过赵全营政府后2公里左右到北郎中村。

◆ 最经典的线路

1. 一日游：北郎中——北京汽车——七彩蝶园

北郎中村就是观赏美丽景色，采摘当地特色，收获快乐的地方。还可以顺路游览北京汽车生产车间，以及各种种类的蝴蝶。要记得早早出发哦，不要错过美景呀！

2. 两日游：北郎中——牛栏山酒厂——乔波滑雪场——奥林匹克水上公园

　　小村虽然安静，却带着美丽，村中的老人在绿树成荫的小道上纳凉，小狗依偎在身旁听着老人们的谈话，还时不时的与蝴蝶嬉戏，回想当时，我还小，也追着蝴蝶到处跑，伴随着花香鸟语哼唱着小曲躲猫猫！

bj发现中国美丽乡村

　　去北郎中吧！那里举办的亲子活动是每个家庭收获幸福的地方，是促进父母与孩子感情交流的地方，是集合宝贝们稚气的欢声笑语的地方。那里还是一年四季可以采摘观光的地方，集合各类花草树木的地方！来吧，来你肯定不后悔！

北京最美丽网

北京美丽乡村休闲攻略

绿满庭院情满园　南卷村

（顺义区南法信镇）

最美点"睛"

　　在经顺义去往密云的必经之路上，你可曾留意过路旁安静恬然、小巧精致的南卷村？

　　南卷村规模不大，但胜在规划细致、设置巧妙，整个村子绿意盎然，一步一景，每一段路程都能让人惊喜连连。顺着自北向南流淌的清澈小河信步向前，便是一片竹篱笆围着的碧绿菜园。这片地面积并不大，却被整齐地分成一小块一小块，正是桃花源中阡陌交通的景象。老人们慢悠悠地摘着新长成的小白菜，孩子追着小狗绕着豌豆架嬉戏，白云飘到这里也感受到了那种悠闲，竟缓缓停了下来，可能也想感受一下这里祥和的气氛吧！

　　若有一天什么都不想做，只想呼吸下新鲜空气，享受一个安静的、没有人打扰的午后，那么就带上一本书来南卷村吧！林间花园被茂密的树木簇拥着，再炎热的风经过浓密的树梢都会变得清凉，再大的狂风经过这里都会变得温柔。穿过古朴的小巷去度假村看看湖水，再随手摘下几个无公害水果咬上一口，沁甜的果汁让人身心舒畅。

　　绕过花坛和树林，雕塑"搏击"掩映在碧树丛中，向上的姿态体现了南卷村勇于拼搏、敢于奋斗的精神。彻底放松过后记得一定要来这里看一看，可不要让太过安逸的气氛浇灭了奋斗的火花哦！

最佳攻略

◆ **最美的季节**

夏季乘凉

　　闷热的天气容易让人心浮气躁，何况北京又是如此庞大的现代化城市，面对拥挤的街道和喧闹的人群，想找一片安静的地方都非常困难。南卷村交通方便，树荫下气温较其他地方更低，十分适合忙里偷闲的夏日时光。

◆ **最好看的风景**

顺义卧龙公园

　　划船游湖、绕湖散步、赏花观景，临近南卷村的卧龙公园都是不错的选择。向游客免费开放的公益公园，里面常年有各色花卉盆景，并有专人维护，是休闲放松的不错选择。

¥ 门票：免费

◆ 最天然可口的饭菜

农家菜

南卷村度假村中设有餐饮、旅游、观光采摘等项目，采摘下来的蔬菜可以让厨房及时制作成菜品，要的就是这口新鲜劲儿。

¥ 人均：50元

◆ 最乡土的特产

各类新鲜果蔬。

◆ 最舒适的住宿

南卷村度假村

想要在南卷村多呆几天，不妨在度假村住宿。整修后的度假村更加干净整洁，而且在这居住，不管是郊游，还是往更远一些的密云游玩都很方便。

¥ 价格：100—150元/人

◆ 最便捷的行程

🚌 公交：东直门乘坐916空调快车至衙门村即到。
🚆 自驾：沿京密路直行路边即是。

◆ 最动人的故事

南卷村的由来

历史上南卷被称为"南圈"，是明朝良牧属的圈马处。因为地处马圈南首，因此称为"南圈"。时过境迁，南卷村早已不是当初破败脏乱的马圈，而成为了美丽的花园式村庄。

◆ 最经典的线路

顺义卧龙公园观光后到南卷村品尝农家菜并住宿，第二天一早去密云游玩。

顺义区 南卷村

潮白新村连奥运　　榆林村
（顺义区北小营镇）

 最美点"睛"

　　远离都市的繁华喧嚣，来离城区不远的榆林村体验一份宁静和闲暇吧！榆林村位于顺义区北小营镇，全村现有人口973户，2377人，2007年当选"北京最美的乡村"。

　　都市的繁华有时让人疲倦，高楼林立、方方正正的生活让自由的心灵上了枷锁，使人难免有一种渴望解脱、向往自由的冲动。当春暖花开、万物复苏时，抛开一切的烦恼与忧愁，携三五亲朋好友，来美丽榆林踏青寻芳，感受春天生命般的气息。漫步荷花池边，停坐古亭玉桥，融入自然，随心舞动，沐浴在暖意阳光下，嗅着泥土与花草混合的香气，徜徉在如诗如画的美景中。放眼满是绿色，杜仲、法桐、金丝槐、白蜡、银杏、榆树等株株傲然挺立，一排排简朴的民宅坐落其中，使人感受与自然的和谐之妙！

　　夏季转瞬到来，闷热与躁动充斥在城市的每个角落，让人有时透不过气，仿佛找不到一片可以真正清凉的净土，夜晚的灯红酒绿有时让人疲惫，内心渴望与自然亲近，回到最初的纯真与质朴，来到榆林仿佛走进梦里期盼许久的"世外桃源"。荷花池边，你随意逗留，随意欣赏，随意释放内心积攒的压力。翠绿林间，你感受着一阵阵凉意，自由漫步，不被任何人打扰。在千亩樱桃园里，你感受着沉甸甸的果实收获，樱桃的鲜美在嘴边四溢，回味无穷。驱车来到离村庄不远的奥林匹克水上公园，在这里让你体验水的魅力与生命的激情。夜晚住在具有蒙古特色的奥蒙度假村，你可以感受蒙古美酒的香甜与肥牛羊的鲜美。

◆ **最好看的风景**

湿地公园

占地200亩的湿地公园（又名凤阳广场），园内由九个荷花池连通相接，其间升起形似玉带的石拱桥，两角各有仿古红亭供人歇息，健身娱乐设施用于健身。荷塘四面的金丝垂柳、银杏、白皮杨等高低错落，犹如到了一处"天然氧吧"。荷花、莲叶随风飘摇，给初夏的清晨平添了几分凉爽与自在，或红亭端坐，或池边垂钓，或树下乘凉，十分惬意。时有荷花的淡淡清香袭来，沁人心扉。

¥ 门票：免费　☎ 咨询电话：60482711　🏠 地址：顺义区北小营镇榆林村东南

千亩樱桃园

榆林村规模较大、品种较齐全的是"喜邦生态千亩樱桃采摘园"。票价不贵，还可收获满满的两斤大樱桃。进入"喜邦生态园"，红红的樱桃垂挂在树枝，累累的硕果把枝头压得低低的，一伸手就能摘到，在这里能真切地体味樱桃最真的诱惑。

¥ 门票：100元/人（送两斤大樱桃）
☎ 咨询电话：60489822
🏠 地址：顺义区北小营镇榆林村西，潮白河东岸，左堤路西侧

奥林匹克水上公园

从榆林出发，开车不久就到奥林匹克水上公园了，这里自南向北由灯塔广场、世帆赛基地、万平口生态广场和水上运动基地四部分组成。目前，万平口生态广场、世帆赛基地和灯塔广场景观已向游人开放。您想感受多姿多彩的水上运动项

北京美丽乡村休闲攻略

目，这里是您的最佳选择，同时这里也是具有国际水准的旅游休闲景区。

¥ 门票：20元/人　　☎ 咨询电话：89482008
🏠 地址：顺义区北小营镇潮白河东岸，白马路北侧

◆ **最乡土的特产**

　　1. 樱桃　采摘季节：4月末–5月中旬　价格：100元/位（赠两斤大樱桃）
　　采摘园：喜邦生态园，联系方式：60489822
　　2. 草莓　采摘季节：1月–5月　价格：1–2月80元左右/斤，3–5月40元左右/斤
　　采摘园：北京金维绿谷种植基地，联系方式：60420232
　　3. 白鲢、花鲢、鲫鱼、草鱼、鲤鱼等品种　垂钓季节：3月–11月　价格：一般8元
左右/斤
　　垂钓园：榆林垂钓园，联系方式：13552178082

◆ **最舒适的住宿**

奥蒙度假村

　　奥蒙度假村，店如其名，其主营蒙古特色佳肴，兼营西北
菜、家常菜等多种菜系。饭厅被精心装饰成独立的蒙古包，
奶茶、手扒羊肉，再配点拌菜、肉饼，让您的胃大大的
满足。在享受正宗蒙餐的同时加点儿农家小菜，混搭
起来别有一番风味。度假村里可住宿，夜晚还有"草
原篝火"晚会，那熊熊的篝火、欢快的歌声、动人的舞
姿带你走进蒙古草原。

¥ 人均消费：200元左右（吃住玩"一条龙"，一至两日游）
☎ 咨询电话：60489701
🏠 地址：顺义区北小营镇榆林村西，潮白河东岸，左堤路东侧

顺义区

榆林村

137

◆ 最便捷的行程

🚌 公交：1. 东直门915快——便民街路口下车到对面换乘27路——榆林村村委会下车。

2. 东直门915快——胜利小区下车——换乘21路——榆林村村委会下车。

🚗 自驾：1. 京密路——牛栏山道口右转——向东过牛栏山大桥——前行1500米左右到榆林村村委会。

2. 京承高速——白马路口下高速上白马路——过奥运场馆红绿灯左转到左堤路——左堤路到头右转向东300米到榆林村村委会。

◆ 最动人的故事

　　在元末明初，北平地区人口流失甚多，土地荒废。明太祖、明成祖时期，采取移民垦荒措施。明代初年，有三四户山西洪洞县移民来此定居，后繁衍成村落，因见此处榆树丛生，故名榆林村。

　　榆林建村至今已有600年历史，民风向来淳朴，邻里和睦友爱，人人皆重孝义，中华传统美德在村内传承数百年。

◆ 最经典的线路

1. 一日游：湿地公园——千亩樱桃园——北京怡生园国际会议中心

2. 两日游

第一天：湿地公园——千亩樱桃园——奥蒙度假村

第二天：奥蒙度假村——北京怡生园国际会议中心——奥林匹克水上公园

宜工宜居两相和

石家营村
（顺义区北小营镇）

最美点"睛"

　　石家营村位于北京市顺义区马坡镇政府西北侧，全村有183户，555口人，于2009年当选"北京最美的乡村"。

　　马路上远远看到一座白色廊柱的欧式雕塑大门树立在那，哦，石家营村到了。芳草夹道，绿荫丛丛，田园诗意浓浓，石家营村以干净整洁而闻名，夏日来到这里透着一股清新。

　　石家营村让人称赞的是这里的文化生活。在石家营村的街道上看不到果皮、纸屑、遛狗、光膀子等不文明行为。因为，村子里有专门的精神文明奖来规范村民行为。村民的文化素养在丰富的业余生活中逐渐节节攀升，村里的"婆媳澡堂"名号更是传遍了十里八乡。"婆媳澡堂"让村民家庭收获了和谐，收获了欢乐。村民之间也相互彬彬有礼，由此石家营村更是被称为"和谐之村"。

　　村里在引进企业入驻的同时，还十分注重生态的保护与发展。

　　原生态的洛娃农庄，各式蔬菜自由地呼吸着新鲜空气，还有有来自世界各地的动物，如来自俄罗斯凶猛而彪悍的狼，来自西藏的藏獒，内蒙的绵羊，还有其他地方的马、骡子、鸡、鸭、鹅、兔、犬。游客可以在庄园内骑马奔跑，体验奔腾豪放之感。"e亩园"优美的环境让您亲自体验种植乐趣。樱桃采摘园，春日带来花的芬芳，夏日带来娇艳欲滴的红樱桃。

　　来到石家营，不同的体验总是带给您不一样的惊喜。

●●● 最佳攻略

◆ 最吸引人的活动

参观奶牛、挤牛奶

您可选择观看美丽乡村石家营村庄，往西走到奶牛场观看奶牛或亲自体验挤奶，可带走自己挤的牛奶。

体验农庄生活

在洛娃生态农庄可以观看动物，可以采摘蔬菜，可以体验解放时期餐厅的风味。还有"e亩园"，只要游客挑选好一间木屋作为居住点，将在木屋周围获得一亩地的种植园，游客根据四季变化选择种各种喜爱的花草树木、粮食、蔬菜、瓜果，在种植期间，有专业的技术人员提供种植辅导，让游客体验真正的农场种植趣味。

◆ 最美的季节

初夏时节适合摄影。樱桃园盛开着白色樱花，像林海雪原，有蜜蜂采花酿蜜的神韵，有鸟儿枝头嬉戏的欢快，有农夫树下除草的悠闲，还有让人陶醉的阵阵花香。

◆ 最好看的风景

洛娃农庄

广袤的庄园有蔬菜采摘区、动物圈养区，还有马儿奔腾的草原。蔬菜的原生态，动物的悠然自得，来到这里感受纯美的大自然。

e亩园

石家营村特色的种植体验园。园区门口簇拥着各种花草树木，幽幽的小路，两侧有各式风格的小屋，有的古朴，有的别具匠心……每个小屋前面都有一亩左右的土地，种植着不同的蔬菜、瓜果，有的地里会有主人的温馨留言，有的地里还拼出彩色的"family"，这是怎样的雅致呢？优美的环境，用心种植打理的蔬菜，每一个"一亩"都展示出主人独特的风格。

◆ **最天然可口的饭菜**

1. 洛娃生态园
💰 人均：40元　　🍃 联系人：杨山
☎ 联系电话：13811984210

2. 福旺森林酒家
💰 人均：35元　　🍃 联系人：郑福旺
☎ 联系电话：13716386059

◆ **最乡土的特产**

1. 樱桃　🕐 采摘季节：夏季　💰 价格：50元/斤
2. 植物豆腐　💰 价格：20-100元不等
3. 原生态牛奶

◆ **最舒适的住宿**

1. 王淑琴
💰 人均消费：50元　　🍃 联系人：王淑琴　　☎ 联系电话：13911288607
2. 朱培
💰 人均消费：60元　　🍃 联系人：朱培　　☎ 联系电话：13001070698

◆ **最便捷的行程**

🚌 公交：1. 东直门外乘坐850至马坡花园，换成30路石家营村下车。
　　　　 2. 东直门乘坐916到马坡站，换乘30路石家营村下车。
　　　　 3. 15号线顺义站下车，C口出乘坐30路或11路石家营站下车。
🚙 自驾：京承高速10号出口（马坡方向）至白马路第7红绿灯左转（高丽营方向），向前1.5公里到达。

◆ **最动人的故事**

　　据传在明朝末年，山西洪洞县大槐树村的石、杨两姓人家迁至此地，在此落户建村、繁衍生息，原名石杨营。后因杨姓人家渐渐变少，石姓逐渐兴旺成为大户，解放后改名为石家营。石家营人祖祖辈辈朴实善良，村民之间和谐共处一直是石家营的良好村风。

　　石亦有"实"的含义，象征石家营人实在，在石家营村委会院内，可以看到柿子树和石榴树，大有"石柿求是"喻意，鞭策石家营党员干部乃至全村百姓要有实干精神和求真务实的品质。

◆ 最经典的线路

　　一日游：
　　石家营村庄——奶牛场——植物豆腐厂——洛娃生态农庄——玉成阁——一亩园——樱桃园

◆ 周边景区

　　在游览北京最美乡村石家营的同时，游客可参观奥林匹克水上公园（门票20元）、国际鲜花港（门票45元）、七彩蝶园（门票60元）。

幸福家园美如画

庙卷村
（顺义区马坡镇）

最美点"睛"

　　庙卷村位于顺义区西北部的马坡镇，距奥林匹克水上公园驱车5分钟车程，紧临顺义新城核心区，村域面积1916亩。

　　庙卷村，又称庙尔卷，地处平原。庙卷的名字很特别。在古代军营家眷的居住之地称为卷，庙尔卷的"卷"字来源于此，但当时村中居住多为女眷，故名为"妙尔卷"。后来村中修建了一座庙，村名逐渐演变成"庙尔卷"。

　　庙卷的美，不是青山绿水之美，而在于村庄的清雅之美。庙卷村扎实开展绿化美化工程，努力建设花园式村庄。庙卷村内全村共铺设柏油路总面积1.4万平方米，林木覆盖率达42%以上，村内建起了多处村中花园，主要道路两侧、村边种植了桧柏、黄杨、合欢、金叶榆等常绿树种和婀娜多姿的金丝柳、挺拔郁葱的白杨，道路、庭院、绿地相互交融，树木花草错落有致，实现了庙卷村的园林化、道路林荫化、庭院花草化，营造了清新优美的宜居环境，村庄里三季花开、四季常青。庙卷村先后获得"首都文明村"、"首都生态文明村"、"北京市环境整治达标村"、"顺义区花园式村庄"等多项荣誉。

庙卷村民有着丰富的文化活动，村中有200平米的体育健身俱乐部，内设乒乓球室、棋牌室、台球室、健身房、洗浴中心等室内健身配套设施。室外文体设施日益完善，现健身广场、篮球场、羽毛球场、健身路径等功能齐全的活动场所达3000平米。在此基础上，该村加强村级文化大院建设，目前文化场地达1200平米，配有庙卷剧场、图书室、电脑室、卡拉OK厅等。这些场馆都是免费的，文化设施逐步完善，也调动了群众的积极性，大家自发组织了合唱队、舞蹈队，在极大地丰富了文化生活的同时，村民学文化、学科技的风气逐渐形成，构建了农民群众安居乐业、物质文化生活丰富多彩、人与人和谐相处的良好氛围。

春节期间，庙卷村于每年正月初一都举办全村老少参加的"寻根问祖"团拜会。全村一起过年，那是怎样的场景啊？乡亲们同聚一堂，有说有笑，共享年关收获与相聚的喜悦，这浓郁的乡情，亲情，年味，您不想来感受一下吗？

北京美丽乡村休闲攻略

●●● 最佳攻略

◆ **最便捷的行程**

 **公交**：乘坐915路快(或915路)，在顺义西门站下车，然后乘坐顺11区(或顺11路区间)，在庙卷站下车。

自驾：沿京密路行驶11.5公里，过右侧的凤凰置地广场F座，直行进入京沈路，沿京沈路行驶9公里，在花马沟桥直行，继续沿京沈路行驶480米，在第2个出口朝六环路/怀柔方向，左前方转弯继续沿京沈路行驶6公里，在枯柳树桥左转进入南陈路，沿南陈路行驶1.2公里，到达终点（在道路左侧）。

北京美丽乡村休闲攻略

共同富裕和谐村

良山村
（顺义区张镇）

 最美点"睛"

　　良山村，一个不大的村落，宁静朴实是对它的第一印象。良山村位于顺平路南，顺义区张镇境内，全村现有人口797户，2068人，2010年当选"北京最美的乡村"。

　　穿过印有美丽乡村良山的门庭，您就走进了良山村。空气清新，绿意快然。村的不远处的两座小山，布满了绿色的柏树丛，近处错落有致的房屋布局，统一协调的保温住房，干净整洁的农家小院，绿意焕发的乡村街道，处处洋溢着乡村的清新与和谐。

　　良山村的四季都可以带给您疯玩的机会。村西山脚下有个垂钓园，夏季里，您可以拉着几个朋友带上钓具去垂钓，纯正地道的农村垂钓，鱼的种类也非常丰富，有草鱼、鲫鱼、鲢鱼等，路途遥远的朋友大可不必为不方便带渔具而烦恼，村民可以给您提供。冬季里，这里有远近闻名的滑雪场，雪场中开设了初、中、高级雪道、缆车、拖牵索道和单板公园，同时设有雪圈、雪地摩托、狗拉雪橇等多种娱乐项目。

　　当您玩累了，您可以参观罕见的珐琅厂，有供出口的景泰蓝工艺品。您可以在这里的服装加工企业选择几件衣服带给亲朋好友，留个纪念。也可以参观家禽、种猪及肉牛养殖场等。

　　朴实的良山，待您来领略其内秀的美丽！

最佳攻略

◆ **最吸引人的活动**

莲花山滑雪场

莲花山滑雪场开设初、中、高级雪道，缆车、拖牵索道和单板公园，同时设有雪圈、雪地摩托、狗拉雪橇等多种戏雪项目，雪趣极浓，是各界滑雪爱好者的乐园。

北京良山珐琅厂

主要采用景泰蓝技术，景泰蓝又称"铜胎掐丝珐琅"，是最具北京特色的传统手工艺品之一，具有鲜明的民族风格和深刻文化内涵。良山珐琅厂发扬景泰蓝技术，开发了诸如茶叶筒、笔筒、保温杯、"三套件"（烟缸、笔筒、纸巾盒）、台灯等家庭实用的产品，更好地满足大众消费者的需求，深受大家喜爱。

北京美丽乡村休闲攻略

◆ 最美的季节

　　春季，万物复苏，到处充满着生机和活力。田地中的麦苗从睡梦中清醒；马路两侧的小草开始伸懒腰，争相从地上爬起；花丛准备着含苞待放；大树把绿手伸到外面感受阳光；冰封的坑塘开始融化；鸟儿可在阳光下沐浴翱翔。走在村中的小路上，能闻到清新的花香草香，感受生活的美好。

◆ 最舒适的住宿

农家院	秀秀农家院
☯ 人均消费：150元	☯ 人均消费：150元
🌿 联系人：刘德胜	🌿 联系人：王德福
☎ 联系电话：61481806	☎ 联系电话：61488686

◆ 最便捷的行程

🚌 公交：在东直门乘918路公交车或者乘坐顺义区内公交39路，良山村站下车即到。

🚗 自驾：1. 机场高速至顺平路，沿顺平路平谷方向，行20公里可到。

　　　　　2. 走京平高速，大孙各庄出口，走张孙路沿张镇方向到顺平路，向东2公里即到。

◆ 最动人的故事

良山村，又名"良善庄"。相传明末清初年间，数以千计的流浪人到当地乞讨，本村的百姓看到后极其同情，即使自家生活条件并不宽裕，但还是倾力帮助受灾受难的贫苦人。过往的人员对当地人的善举给予很大的肯定，并给村取个名号，叫"良善庄"，即良山人乐善好施，后为了便于记忆，更名为"良山村"。

◆ 最经典的线路

一日游：

莲花山滑雪场是冬季滑雪的好去处，有初级、中级、高级滑雪道，满足不同滑雪爱好者的需求。在滑雪之余，还可以去农家院，体验农村的生活，呼吸新鲜的空气，遥望蓝色的星空。

特色引领致富路　柳庄户村

（顺义区龙湾屯镇）

 最美点"睛"

　　小的是美好的。占地1196亩的柳庄户村像一颗闪亮的明珠点缀在顺义东北隅，宁静而精致，祥和而富庶。

　　绿树成荫的村庄大道整齐宽阔，鲜花点缀的街坊胡同干净整洁，洁白整齐的农家小院引人入胜。清新靓丽的村庄整体环境，安静祥和的社区氛围，置身其中赏心悦目，身心舒畅，让人不禁想租下一门一院，尽享久违的恬淡生活。

　　欧菲堡有机葡萄酒庄伫立在村头，在酒庄品醇香美酒，尝精品美食。让你感受别样的乡村奢华风。您可以尽情享受酒庄精心推出的红酒私房菜和欧菲堡酒庄特酿的美酒。酒庄外观简约而又时尚，处处散发着葡萄酒幽雅淳厚的气息。

　　来到空气清新的田野里，品尝自己亲手采摘的草莓，感受泥土的芬芳气息，随手采一束油菜花送给身边人，再采点纯绿色蔬菜携带回家。再不，走进田间地头，带着孩子体验自然农耕的乐趣，顺便和老乡聊聊农村，找回自己童年的记忆。或者走进农家小院，坐坐农家大炕，尝尝农家野味。村中老乡会满心欢喜地跟你聊村里的变化，聊农村的种种乐趣，甚至会热情地带你去地里认识野菜的品种，告诉你蔬菜种植的技巧。450口人的小村庄会让你体验到北京农村的精致和格调，1196亩的大田野会让你看到北京农村的开放与涵养。来吧！柳庄户村欢迎您携家人一同感受最美乡村的风采。

 **最佳攻略**

◆ 最吸引人的活动

水果采摘

草莓：采摘时间，12月到次年5月。

樱桃：采摘时间，每年6月份。并参与亲子活动，与孩子一起共享大自然的美妙。

特色农耕节

每年4月中旬，可亲自参与农耕，带领孩子体验自然，参与亲子游戏。同时可以获赠一定数量的种子回家点缀阳台空间。

蔬菜采摘

每年4月到次年2月。可以采摘到各种应季蔬菜，不施任何化肥农药，采用传统农耕方法，人工除草，畜粪施肥。所产蔬菜香甜爽口，健康安全。

垂钓

在夏日的午后，寻一处翠柳阴凉地，静听千蝉和鸣，尽享垂钓闲情。

☎ **联系电话：13716187070**

◆ 最美的季节

一年四季，这里都有最美的花，夏日里，尽情在各国风情园中畅游，冬日里，徜徉在温暖的温室中，闻着花香，感受着这满眼的绿，还有那你数不出来的不知名的植物，你一定会觉得不虚此行。

◆ 最好看的风景

欧菲堡有机葡萄酒庄园。异域风情设计，让人犹如置身欧洲小镇。爬上四楼，端一杯红葡萄酒，透过玻璃窗俯视四围，一切烦恼烟消云散。

北京市顺义区龙湾屯镇
柳 庄 户 村

纯农家肥种植的生态蔬菜基地。这里与"分享收获"一起建立起CSA（社区支持农业）的农业发展模式，用生态环保的农耕方式为消费者生产健康、好吃的应季蔬菜。同时提供蔬菜预订服务，为您送菜上门。不定期组织亲近自然的农耕体验活动和亲子互动，让久居城市的您敞开心扉，接受大自然的馈赠。

　　垂钓园（在建）。翠柳环绕的15亩垂钓园位于村庄东南侧。夏日的午后，携一根长杆，静坐柳荫里，细听水波声，一下午就耗在这里，静思、等待，让心灵放空。

◆ 最乡土的特产

　　1．荠菜、苦荬，采摘季节：3-4月，价格：免费

　　2．生态蔬菜，采摘季节：4月－次年2月，价格：12元/斤

　　3．草莓，采摘季节：12月－次年5月，价格：25/斤

　　4．樱桃，采摘季节：5月下旬—6月下旬，价格：30-40元/斤

　　5．柴鸡蛋，60元/箱；紫薯，60元/箱

◆ 最舒适的住宿

欧菲堡红酒庄园

　　健身馆、草坪、总统套房、精致雅座、露天休闲吧、停车场一应俱全。宴会厅恢弘大气，浓郁的欧式风格，每个小细节都彰显着独有的品位。

☎ 电话：13811479993 / 13810479992 / 010-60466369

田淑兰农家院

　　该农家有自己的采摘园，品种繁多，有樱桃、桃、杏、李子、苹果、梨、葡萄，价格优惠。欢迎电话咨询。住宿设施：普通间6间，价格：15—20元/人；火炕3间，价格：15—20元/人（均为淡季价）。房间设备：电视、空调，院内设有独立卫生间、24小时热水，可以淋浴。

☘ 联系人：田淑兰
☎ 电 话：13436827724 / 13161614806
　　　　010—60462630

顺义区 柳庄户村

◆ 最便捷的行程

🚌 公交：东直门站乘915路至顺义东大桥换乘顺23路至终点站即到。或坐地铁15号线至顺义地铁站东南口出右行50米至公路局乘顺23路至终点站即到。

🚌 自驾：京承高速至赵全营出口，走昌金路，达到柳庄户村。或走京平高速至木燕路出口，直行至木燕路、昌金路交汇处右转行驶约5公里，过铁路桥行驶约2公里即到。

◆ 最经典的线路

推荐旅游路线：

1. 中午去欧菲堡酒庄就餐。下午去山里辛庄花海赏花，去安利隆生态农业旅游山庄领略大美自然风光。

2. 赏花游：上午去顺义国际鲜花港领略景观设计的巧妙和名贵花种的风韵，下午去山里辛庄村感受自然花海的壮观。第二天继续东行前往平谷赏桃花。

3. 亲子游：上午去焦庄户村参观地道战遗址，陪同孩子感受厚重的历史文化。中午在农家院就餐。下午去柳庄户村体验农耕乐趣，和孩子一起认识农村，亲近自然。

特别提示：

1. 郊区温度低于城区2-3℃，早晚较凉，注意携带保暖衣物。

2. 4-5月份杨絮柳絮较多，注意防护，避免过敏。

◆ 周边景点

1. 美丽的花果山——龙湾屯镇山里辛庄村。每年4月—5月千亩果园竞相绽放，形成壮观花海。5月樱桃成熟，10月苹果成熟，最适宜采摘。距离柳庄户村10分钟路程，免门票。

2. 焦庄户村地道战遗址，免门票。参观地道，感受历史。还可以去附近的农家院品尝地道的农家菜，体验淳朴民情。咨询电话：010-60461906

3. 安利隆生态农业旅游山庄，位于山里辛庄村，集休闲游乐、果品采摘、生态旅游与于一体。免门票。咨询电话：010-60462323

4. 华北地区最大的民兵训练基地，设有军事训练、实弹射击、军用装备参观等项目，游客将有幸亲身体验"战士打靶把营归"、"愉快的歌声满天飞"的乐趣。

5. 汉石桥湿地公园，9:00-17:00免费开放，公园内景色宜人，还可以自助烧烤，适合集体出游。咨询电话：010-61411577

6. 顺义区国际鲜花港。每年5月的郁金香文化节和9月的菊文化节园区百花齐放，极为壮观。咨询电话：010-61417123

名闻和谐幸福村

河北村

（顺义区南彩镇）

最美点"睛"

　　顺义区南彩镇河北村位于顺义城区东侧，位于潮白河北岸，南邻顺平路，北接顺平辅路，距市区35公里，距首都机场20公里，交通便利。

　　提到河北村，自然想到河北村的水果，村中最有名的当属双河果园，园内种植的清脆可口的苹果、娇艳欲滴的樱桃等果品多次在擂台赛上揽获大奖。郊外的初夏，满眼绿油油的树木和鲜艳的小野花。在灿烂的阳光下，果树上娇嫩的大红樱桃，让人爱不释手、欲罢不能。在采摘之余，不仅能够增进友谊、加深感情，更能让人欣赏到田园美景，体验到收获的乐趣。

　　双河果园东侧的民俗风情体验园中，这里有荷花池，进入8月，亭亭玉立的荷花在徐徐的晚风之下，显得分外妖娆。满天星辰和映衬在水里那柔亮的灯光，让人舒适惬意。在闷热的天气里，还能听到蛙鼓阵阵的天籁之音，不禁令人回想起童年趣事。涓涓蜿蜒的小溪、古式的走廊、清雅的古亭、沧桑的水车，共同组成了眼前这幅美不胜收的景色。

　　沿着水车继续向前，这里还有一个水上乐园，有各种刺激好玩的水上娱乐活动，富有挑战精神的人走到这里肯定都是要跃跃一试的。

　　所以，来到河北村，静动对您皆宜。喜静的您，可以沿着小溪，随意沉浸在美景中思考；喜动的您，采摘果子的喜悦之后，还有农耕体验，水上活动等着您来。在这，尽情挥洒您的活力，挥洒您的激情吧！

最佳攻略

◆ 最吸引人的活动

河北村民俗风情展

正在建设中的包括20世纪农村常见的生产生活工具展厅、农事农耕体验园、亲水小溪、拓展活动区等，与都市型现代农业结合，使游客感受乡土文化、亲近大自然。

⏱ 时间：预计2014年5月起对外开放

河北村樱桃采摘文化节

每年的5月底至6月，是河北村的"红灯""美早""早大果"等品种的樱桃成熟时节，届时将举办樱桃采摘文化节。

⏱ 时间：5月末–6月

民俗表演

历史可追溯到唐代的河北村，村内大小寺庙遗址已难寻，但一些传统习俗依稀可见。每年春节期间，小车会、扭秧歌、舞龙舞狮等，热闹非凡、年味十足。

⏱ 时间：春节期间

◆ 最好看的风景

北京市顺义区汉石桥湿地自然保护区

是北京市唯一现存的大型芦苇沼泽湿地以及多种珍稀水禽的栖息地，这里大面积生长的芦苇，在北京近郊地区更是绝无仅有，成为汉石桥湿地的标志性特征，由此赢得了"京东大芦荡"、京郊"小白洋淀"的别称，具有极大的保护和科研价值。

¥ 免费游览，租车、划船人均费用约30元/小时
☎ 咨询电话：010-61411511/／61411200
🌐 网址：http://www.hsq.bjshy.gov.cn/

北京国际鲜花港

位于河北村东北方向，距离约8.9公里，驾车约12分钟到达。北京国际鲜花港是北京市唯一的专业花卉产业园区，整个园区仿佛花卉的海洋，节日的天堂，成千上万的鲜花按时节次第开放，除冬季外几乎月月有相应的花卉节日。

¥ 门票价格：80元/人　　　☎ 咨询电话：010-61417123
🌐 网址：http://www.bjifp.com/index.aspx

北京美丽乡村休闲攻略

◆ **最天然可口的饭菜**

东明饭店
- ⓘ 特色：农家小炒肉、垮炖杂鱼、摊糊饼等家常菜
- ¥ 人均：36元
- 联系人：荀东明
- ☎ 联系电话：13601056041

河东二八席
- ⓘ 特色：二八席、三八席（只接待团体游客）
- ¥ 人均：42元
- 联系人：彭秀林
- ☎ 联系电话：13901018711

氽花鲢饭店（河北村店）
- ⓘ 特色：氽花鲢、鹿肉馅烙盒子
- ¥ 人均：40元
- 联系人：王艳芳
- ☎ 联系电话：89476788

国顺驴肉馆（南彩店）
- ⓘ 特色：驴肉系列
- ¥ 人均：45元
- 联系人：陆志刚
- ☎ 联系电话：89469878

◆ **最乡土的特产**

草莓：采摘季节：1月–5月，价格：80元/斤
樱桃：采摘季节：5月末–6月末，价格：100元/斤
杏：采摘季节：6月–7月中旬，价格：20元/斤
桃：采摘季节：6月–9月，价格：20元/斤
葡萄：采摘季节：8月–9月，价格：30元/斤
梨：采摘季节：8月–10月，价格：20元/斤
苹果：采摘季节：10月–11月底，价格：20元/斤
库存水果、盒装柴鸡蛋、柴鹅蛋，购买季节：四季都有，价格：具体请参考以上报价或电询。

☎ 联系电话：89477712　　🏠 地点：北京市双河果园

另外，人之初果园、彩虹庄园也有不少的采摘，

☎ 电话：89476823 / 89478078

◆ **最舒适的住宿**

北京瑞麟湾温泉度假酒店

位于河北村东北侧1000米处，是一家五星级绿色生态温泉度假酒店。酒店以温泉为特色，集客房、餐饮、会议、娱乐休闲为一体。园区内拥有3000亩皇家园林般的景致，为度假生活提供了"高压氧仓"般的纯鲜氧源，空气清新，绿草如茵，山水相映。

顺义区 河北村

157

¥ 食宿人均：200元起
☎ 咨询电话：010-58538606／58538608
🌐 网址：http://www.pwtong.com/rlw/index.html

北京顺鑫绿色度假村

位于河北村南侧，距离约6.3公里，驾车约9分钟到达，是华北最大的平原森林生态旅游景区。度假村以"林、泉、水"为资源特色，并逐步丰富"森林文化"。1995年11月6日，国家主席江泽民同志在度假村考察时曾引用古人名句"杨柳岸，晓风残月"盛赞这里的美景。度假别墅区有风格自然淳朴的纯木质别墅、欧陆别墅及日式房，接待床位300张；还有风味餐厅、烧烤苑、听雪轩中餐厅、翠云轩纯木质多功能厅等。

¥ 游览免费，食宿人均约400元/天
☎ 咨询电话：010-89485588
🌐 网址：http://www.dujiacun.cc/index.html

◆ 最便捷的行程

🚌 公交：1. 东直门乘923或918路公共汽车，河北村站下车即到。
　　　　2. 地铁15号线俸伯站（总站）乘坐顺15路、18路、19路、28路、29路等河北村站下车即到。

🚍 自驾：1. 机场高速公路——机场北线——顺平路向东河北村即到；沿京顺路到枯柳树环岛向东，沿顺平路到河北村即到。
　　　　2. 三元桥——京密路（京顺路）——枯柳树环岛右转向东——顺平路——潮白河大桥——下桥第一个红绿灯左转到左堤路——第一个红绿灯右转到顺平辅路——直行3公里路南。
　　　　3. 机场高速——（经1号航站楼）——机场北线——顺平路（同上）。

◆ 最经典的线路

一日游：
双河果园——汉石桥湿地自然保护区——国际鲜花港
游客可上午在双河果园采摘果品，中午在河北村周围尝尝农村家常菜，下午东行到汉石桥湿地散步划船，感受大自然，然后再向东去鲜花港的花海中徜徉。一天的行程结束，从白马路回城。

两日游：
汉石桥湿地自然保护区——国际鲜花港——瑞麟湾温泉度假酒店/顺鑫绿色度假村——双河果园——奥林匹克水上公园——减河公园
游客可清晨出发，第一站先到汉石桥湿地，感受清新自然的生态景观和诗意的栖息地，下午去鲜花港观赏郁金香花海，晚上入住瑞麟湾温泉酒店或顺鑫绿色度假村。次日上午到双河果园采摘新鲜果品，下午去奥林匹克水上公园，参观2008年奥运会皮划艇的比赛场地。最后在减河公园欣赏亚洲最高音乐喷泉，结束行程。

北京 美丽乡村休闲攻略 昌平区

北京最美的乡村
The Most Beautiful Village In Beijing

- 温都水城誉四方——郑各庄村

- 数字民俗第一村——麻峪房村

- 以文会友聚高朋——香堂村

- 品枣赏莲生态游——酸枣岭村

- 方圆之道春饼香——康陵村

- 红遍京城苹果园——真顺村

昌平区

美丽
乡村 麻峪房村

美丽
乡村 康陵村

美丽
乡村 真顺村

美丽
乡村 香堂村

● 昌平区

美丽
乡村 酸枣岭村

美丽
乡村 郑各庄村

郑各庄村

（昌平区北七家镇）

温都水城誉四方

 最美点"晴"

打造宜居、宜业、宜游、宜乐的社区。

在昌平区北七家镇，有一个大名鼎鼎的村子——郑各庄村。说它有名不仅是因为它是全国十大魅力乡村之一，也是因为这里以水为品牌的旅游文化远近闻名。走进郑各庄，宽阔悠长的道路、恢弘大气的仿古建筑、高耸挺立的大厦、鳞次栉比的居民楼……仿佛置身于现代化的都市之中，很难把它与传统意义上的乡村联系起来。郑各庄人通过多年的不懈努力，培育出了国家4A级景区——"温都水城"这个家喻户晓的品牌。这里拥有以休闲与健康为理念的温泉养生会馆、可供室外滑雪的水城文化广场、以休闲娱乐为主题的秀水湖公园、集游船与观景为一体的温榆河御码头以及独具特色的水空间室内嬉水乐园等休闲娱乐场所，是商务会议、温泉养生、休闲娱乐的理想家园。说郑各庄是一座水城并不完全准确。在清代，这里被称为郑家庄皇城，康熙皇帝的行宫就建于此。历史上，康熙的行宫很多。但行宫与王府共存、城墙与护城河兼俱、临近京城又有温泉的行宫，仅此一处。

郑各庄村位于北京中轴线正北，南距故宫22公里，北濒北京的母亲河——温榆河。全村现有人口568户，近1500人。2006年当选"北京最美的乡村"。

最佳攻略

◆ 最好看的风景

康熙行宫

康熙行宫建于公元1718年，专为康熙皇帝及太子胤礽所建。公元1764年被平毁，这座存在了近半个世纪的行宫和王府，逐渐荒废，成为历史古迹。现行宫仅为标志性的恢复，建筑面积2300平方米。秉承严谨的皇家建筑格局，显示当年行宫的恢弘壮观，揭密皇家贵族的奢华。

秀水湖公园

按照江南水乡园林风格设计，所有建筑全部是青砖灰瓦、斗拱出挑、飞檐翘角。环岛水面4公顷，与环城水系交汇贯通，四座白石拱桥有如彩虹将岛岸相连。园内配有游船和快艇及千米的环湖旱冰跑道。

温榆河御码头

码头占地32亩，建筑面积320平方米。2007年温榆河郑各庄段正式通航，迎接游客。航线全程1.6海里，主航道宽100米，水深度1.5米至2米。

💰 景区收费标准：

门市价：成人票：50元/人，学生票：25元/人，
            儿童票：15元/人
优惠价：成人团：10—30人（35元/人），
            30—100人（30元/人），
            100人以上（25元/人）
学生团：10—50人（20元/人），
            50人以上（15元/人）

◆ 最吸引人的活动

水空间

建筑面积约20000平方米，整体为点式玻璃幕墙的建筑，形似一个玻璃盒子。场内设有人造沙滩、人工造浪、漂流河道、滑板冲浪、太空盆、飞天梭等独具特色的水上娱乐项目。

北京美丽乡村休闲攻略

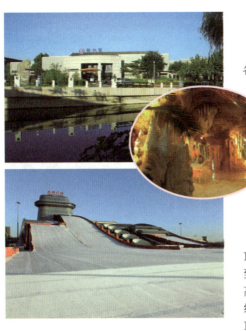

温泉养生会馆

建筑面积约8000平方米，室内通过各种亚热带植物营造出热带雨林的气候环境。以温泉文化为底蕴，推出温泉理疗、温泉瑜伽、温泉美体、温泉美食、温泉运动等温泉养生项目。

¥ 收费标准：水空间和温泉养生会馆通票298元

水城国际文化广场

建筑面积12万平方米，波浪形屋顶，北高南低，与地面广场衔为一体。到了冬季，这里便成为了滑雪场，分为高级、中级、初级三个雪道。屋顶的玻璃塔更设

有空中全景餐厅以及顶层观光层，将整个景区的美景尽收眼底。

◆ 最天然可口的饭菜和最舒适的住宿

郑各庄村温都水城拥有不同星级标准、不同规格、不同档次的客房2000余间，各种会议室百余个，不同风味的餐厅20余处，可同时接待5000位客人。拥有川菜、淮扬菜、粤菜、湘菜、浙菜、官府菜等不同菜系。

酒店推荐：
湖湾酒店（五星级）

🏠 地址：温都水城水空间停车场西侧

温都水城国际酒店（四星级）

🏠 地址：温都水城正南面

宏福大厦（四星级）

🏠 地址：温都水城最南端中心地段

湖湾西区酒店（四星级）

🏠 地址：湖湾酒店西侧

昌平区 郑各庄村

163

◆ 最动人的故事

　　郑各庄明代成村，曾名"郑家庄"。明洪武年间，郑氏人家从山西洪洞县大槐树村移民于此，形成村落，始称"郑家庄"。明宣德至清乾隆年间为皇家御地，康熙皇帝在此建造了行宫、王府及城墙、护城河、花园、商铺、兵丁住房等设施。史称"郑家庄皇城"。

◆ 最便捷的行程

🚍 公交：快3路、607路、昌平22路、996路、966路、463路均可到达。
🚌 自驾：1. 八达岭高速北安河出口东行7公里。
　　　　　2. 亚运村以北，立汤路平西府路口西行2公里。
　　　　　3. 京承高速北七家出口西行10公里。

◆ 最美微评

　　郑各庄不是我们想象中的中国农村。

孟加拉乡村建设考察团

旅游咨询
☎ 咨询热线：010—81781111
或010—81788888

数字民俗第一村 麻峪房村
（昌平区十三陵镇）

最美点"睛"

最美乡村、亲情旅游

在昌平区十三陵镇的西北部，有一个四面环山、植被繁茂、空气清新、泉水叮咚的小山村。它背靠燕山山脉，坐观锥石口河谷，石梨路穿村而过。初春，风和日丽、杏雨梨云；仲夏，山清水秀、浮瓜沉李；深秋，枫林尽染、五谷丰登；隆冬，银装素裹、炊烟袅袅。这便是被誉为"京郊民俗旅游第一村"的麻峪房村。

整洁的村容村貌、良好的村风民风是麻峪房村给游客的普遍印象。村民们热情好客，将游客当成自己的亲人，民俗游变成了亲情游。渐渐的，眷恋这个小山村的人越来越多，吸引着人们的不仅仅是她贴近自然的体验，更是这里一张张淳朴的笑脸，让人们远离城市的喧嚣，放下沉重的负担，投入到大自然的怀抱。

麻峪房村濒临举世闻名的明朝皇家陵园十三陵风景区，距离长陵、定陵5公里。全村村域面积6.9平方公里，植被覆盖率超过90%，是一座负氧离子丰富的天然大氧吧。全村现有人口60户，211人。2006年当选"北京最美的乡村"。

2007年，麻峪房村被确定为2008年奥运乡村旅游接待村，为北京市昌平区三个奥运接待村之一。2011年被评为"北京市绿色村庄"。

最佳攻略

◆ 最吸引人的活动

　　来到麻峪房，清晨，您可以爬上山顶，登高望远，呼吸最清新的空气；正午，到果园里采摘新鲜的瓜果，体验农家丰收的乐趣；傍晚，在浅滩里摸鱼、捞虾，重拾童趣；入夜了，您可以在篝火晚会中和大家载歌载舞，观看美丽的烟花。

◆ 最美的季节

　　麻峪房村的春季花海连天，约上三两朋友，前去踏青；盛夏时节这里清凉怡人，是天然的避暑胜地；秋高气爽之时，漫山红遍，层林尽染，并有熟透的果实点缀其间；到了冬天，即使外面天寒地冻，白雪皑皑，只要您睡上这里热烘烘的土炕，别提有多享受。

◆ 最天然可口的饭菜和最舒适的住宿

麻峪房村是市级民俗旅游村，全村现有农家院58户，均可为游客提供餐饮、住宿、卡拉OK、棋牌等服务，年接待游客近10万人次。

¥ 人均：100元（三餐加住宿）

餐饮：这里不仅有纯天然无污染的山野菜，也有独具特色的农家饭菜。菜品推荐：松蘑炖柴鸡、侉炖水库鱼、烤虹鳟鱼、烙糕子等。在品尝农家饭菜之余，也可以跟村民学做农家菜，推推石碾，磨磨豆腐。

¥ 人均：30元—50元

🏠 住宿：经过改良后的农家小院，干净整洁，夏有空调，冬烧土炕。

农家院推荐：士红农家院　　☎ 电话：010—89721093
　　　　　　　志新农家院　　☎ 电话：010—89721015
　　　　　　　凤华农家院　　☎ 电话：010—89721037
　　　　　　　海芳农家院　　☎ 电话：010—89721035

◆ 最乡土的特产

柴鸡蛋、柿子、红果、蜂蜜、枣。

◆ 最便捷的行程

🚌 公交：德胜门乘坐345路、919路公交车，到昌平南大街转乘昌平55路（碓臼峪方向）直达。

🚗 自驾：从京昌八达岭高速公路13C出口出，随即在昌平西关环岛第三个出口（十三陵方向）往十三陵长陵西行6公里即到。

◆ 最动人的故事

传说明成祖朱棣非常崇奉玄武，因为他曾是北方的藩王，他认为自己之所以能够成功夺权，是因为有北方守护神——玄武的保佑。因此他当上皇帝后，将明朝的都城从南京迁往北京。同时，还下诏令各个衙门一律修建玄武庙，将玄武供奉起来。在他的百年吉壤陵墓选址上，自然也要有玄武的因素。在长陵西北有一处"玄武形胜"，就是现在麻峪房村的南山和北山。南山有巨石呈龟型，北山有巨石呈蛇形，山岭连接，龟与蛇交，面向东南，玄武形胜，自然天成，有拱卫长陵之效，意味着神灵守护，保佑大明江山长久永固。

◆ 周边景区

长陵、定陵、双龙山自然风景区。

旅游咨询

☎ 咨询热线：010—89722205

以文会友聚高朋 **香堂村**
（昌平区崔村镇）

最美点"晴"

风景天成　文韵自生

　　香堂，一个以焚香祭祖而得名的村庄，至今已有500余年的历史。这里三面环山，京密引水渠的潺潺流水从村南缓缓流过。香堂村村如其名，以其独有的"香"气名扬四方。这里的民居三合院古色古"香"，圣恩禅寺飘出缕缕梵"香"，东方书画院纸砚墨"香"，陈氏太极武馆静柔生"香"，千亩采摘园果味飘"香"。走进村庄，宽敞整洁的马路，错落有致的民居别墅、农贸市场、卫生院应有尽有。不但具备了城市生活的服务设施和文化氛围，同时又多了一份乡村的淳朴和安宁。

　　香堂村位于北京市正北46公里的燕山之麓，隶属于昌平区崔村镇。村域面积14.2平方公里，全村现有人口602户，1900余人。2008年，香堂被定为"北京奥运旅游接待村"。2007年当选"北京最美的乡村"。

最佳攻略

◆ 最吸引人的活动

东方书画研究院

建于2001年，占地面积3.8亩，建筑面积2500平方米。其中有四个展厅，三个创作厅和六个套间。至今已有260余位书画名家到此，为书画院留下500余幅杰作。其中，有齐白石、李苦禅、任率英等大师的绘画作品，也有启功、欧阳中石、刘炳森等大家的书法作品。

陈式太极武术馆

位于东方书画院的右侧，院中可同时容纳百余人练拳。陈氏太极的第十八代传人冯志强先生，把这一中华精髓不断发扬光大，并独创"陈式心意混元太极拳"，在国内外有着极高的声誉。

太伟高尔夫球场

背靠燕山山脉南麓，东倚翠华山，西依珠山，占地面积2000余亩，是集居住、商务、娱乐、休闲等设施于一体的综合性建筑。拥有锦标赛级18洞高尔夫球场、五星级酒店、高尔夫练习场、健康林和采摘园，是一座风景秀丽、绿草如茵的山地球场。

☎ 电话：010—60724488

◆ 最好看的风景

圣恩禅寺

位于村子的东北角，巍巍的翠华山下。始建于明正统三年，占地面积26000平方米，建筑面积5000多平方米，寺庙殿宇宏伟，金顶辉煌。主要建筑有大雄宝殿、天王殿、东配殿、西配殿、山门、走廊、牌楼等。在山门内的东西两侧，坐落两块残损寺碑。一块立于明景泰三年，残碑上"敕赐圣恩禅寺"六个篆书大字清晰可见。另一块立于道光六年，是重修圣恩禅寺寺碑。

◆ 天然可口的饭菜和最舒适的住宿

　　香堂村是市级民俗旅游村，村中不仅有香堂国际农业观光园为您提供全方位的优质服务，更有民俗旅游接待户提供特色的农家三合院，让您尽情享受地地道道的农家生活。

香堂国际农业观光园

　　位于香堂村村南，京密引水渠南岸，占地面积300余亩，是一家集餐饮、住宿、会议、马术、垂钓、采摘、旅游观光于一体的大型休闲娱乐场所。餐饮以川鲁、农家菜为主，可容纳500人同时用餐，人均消费50元。住宿为五星级客房标准，房间类型齐全。

　☎ 咨询电话：010–60726990

◆ 最便捷的交通

🚌 公交： 1. 城铁龙泽站乘坐小21路公交车直达香堂村。

　　　　　2. 积水潭乘坐345路公交车至昌平东关，换乘59路、870路公交车至香堂。

🚐 自驾： 八达岭高速公路昌平出口，延京密引水渠向东约10公里即到。

◆ 最动人的故事

　　传说，明成祖朱棣登基后，便派大臣刘伯温在燕山山脉为自己选择陵寝。刘伯温经过勘探后来到香堂，认为这里三面环山，犹如一个大的椅背，风水极佳，便上报朱棣。明成祖来到香堂村西北方向的小山上一看，景色的确不错，更是一处选择阴宅的佳地。但是，在山沟中有一个山洞，据说若干年前经常有老虎出没，朱棣听后由喜转怒。虎吃猪，因此方案被否。因为皇帝来过这里，后来老百姓便把这个地方称作"黄岭"。

旅游咨询

☎ 咨询热线：010—60725735

北京美丽乡村休闲攻略

品枣赏莲生态游　酸枣岭村
（昌平区小汤山镇）

最美点"睛"

　　酸枣岭村位于昌平区小汤山镇东南部，是北京市平原生态旅游第一村。这里人杰地灵、空气清新，是休闲游旅、体验淳朴乡情的理想之所。走进村庄，荷花池内菡萏摇曳，街道民宅绿影叠翠、繁花竞彩，有如来到江南水乡一般，透着灵秀曼妙的神韵。在村东面，更有小汤山地区保存最为完好的皇家佛教庙宇——大兴寺。一棵枝叶参天的千年古槐立于寺中，前来烧香朝拜的善男信女络绎不绝。在村子的西北角，有一处垂钓园。这里环境清幽，尽显水畔的闲情雅致，为广大钓友提供了一个绝佳的垂钓环境。此外，游客还可以在种植园和蔬菜大棚中进行果蔬采摘，体验农家的田园乐趣。酸枣岭村的绿壳蛋也是远近闻名，由于营养价值高，鸡蛋在市场上供不应求。

　　酸枣岭村村域面积1380亩，全村现有人口140户，524人。2008年当选"北京最美的乡村"。

●●● 最佳攻略

◆ 最好看的风景

大兴寺

据碑文记载大兴寺建于明末清初年间，重修于光绪七年，曾是皇家去往承德的必经之路。现有正殿、东西侧殿、倒座殿。正殿供奉释迦牟尼佛祖，侧殿供奉地藏王菩萨，倒座殿供奉韦驮菩萨。倒座殿的东侧有一棵老槐树，树龄近千年。老槐树经过多年的风霜磨练再加多年无人养护，树干的中心已经空了，树皮上泪迹斑斑，可却枝繁叶茂而且每年要开两次花，生机盎然。

荷花池

村中共有三方荷花池，池里的荷花均是从白洋淀引进的品种。其中，有两方位于村西正街的道路两旁。另外一方位于大兴寺门前，是一方放生池。在赏荷的季节里，到处都是那醉心的绿。"小荷才露尖尖角，早有蜻蜓立上头"、"接天莲叶无穷碧，映日荷花别样红"的美景都可在此一览无遗。

◆ 最吸引人的活动

垂钓

怡然湾垂钓园位于酸枣岭村西北角，共有三方鱼池，鱼种丰富。其中，两方为混养池，一方为路亚池。

☉ 收费标准：混养池30元/杆，路亚池50元/杆，鲜鱼10元/斤

采摘

何旭种植园、温馨种植园以及50栋春秋大棚提供品质优佳的蔬菜瓜果。

☉ 采摘时间：6月—9月

北京美丽乡村休闲攻略

◆ 最舒适的住宿

今日农居农家院于2012年被评为北京市乡村酒店，它既是绿色生态庭院，又是生产性庭院。户主运用所学建筑知识，合理布局，精心构思。在屋顶及院子中种植蔬菜瓜果，并将秋千及雅座放置其间。整个院落有100余种植物，真可谓是四季有绿色，三季有花果。这里更可提供卡拉OK、乒乓球、棋牌等娱乐设施。今日农居可同时接待30余人。

💰 人均：（三餐加住宿）120—200元不等
☎ 联系电话：010—61713363 / 13901306349

◆ 最乡土的特产

乌鸡绿壳蛋

昌平区 酸枣岭村

◆ 最动人的故事

据说酸枣岭起初叫"八家村"。在明朝实行移民政策时期，有八户人家从遥远的山西大槐树村迁到此地。这八家人就在这块荒芜的土地上开村建业，繁衍生息。后来因为这的酸枣棵子多，慢慢地就改成叫"酸枣岭"了。

◆ 最便捷的行程

🚌 公交：1. 地铁天通苑北站换乘昌51路公交，酸枣岭站下车。

2. 地铁立水桥站换乘昌27路公交，酸枣岭站下车。

🚐 驾车：1. 京承高速至北七家出口，直行1公里，见大东流路牌，向北4公里即到。

2. 立汤路，定泗路口往右（或见机场北线路牌指向走4公里），见大东流路牌，向北4公里即到。

3. 顺沙路东行至大东流路口（北七家方向），向南走3公里，见酸枣岭路牌即到。

酸枣岭生态民俗旅游村

旅游咨询

☎ 咨询热线：010—61713032

北京美丽乡村休闲攻略

方圆之道春饼香

康陵村

（昌平区十三陵镇）

最美点"睛"

谁说北京春天短？康陵天天是春天！

　　在昌平区十三陵镇的西北部，有一个以"方圆"著称的村子——康陵村。村子位于明十三陵世界文化遗产内，因其倚靠明朝正德皇帝的陵寝而得名。说到方圆，康陵村整个村庄被一个边长为163米的正方形围墙所包围，村民们都居住在这古老的监墙之内。因此整个村落便构成了这一"方"。而那一"圆"便是这里远近闻名的正德春饼宴。康陵村的春饼既保留了淮扬的风味，又增添了北方的口味，不但菜品丰盛，而且经济实惠。

　　康陵村背靠莲花山，左依笔架山，右拥燕子岭，面朝京畿地区。俯瞰康陵，犹如卧龙静伏山川，是一块拥有帝王之气的风水宝地。村子正中央的千年银杏树和村口影壁旁的夫妻槐历经数百年的风雨沧桑，依然葱茏挺拔，衬托着康陵村的悠久和典雅。每年康陵村的柿子、樱桃、酸梨等各种干鲜果品的产量更是达到80万斤，游人可在此尽情体验农家收获的快乐。

　　康陵村距北京市区45公里，全村现有人口约120户，近240人。2010年当选"北京最美的乡村"。

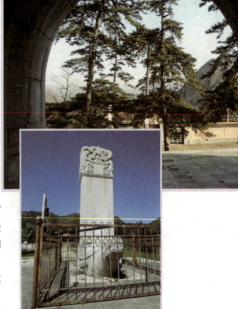

●●● 最佳攻略

◆ 最好看的风景

康陵宫

明十三陵康陵宫，位于昌平天寿山陵区莲花山东麓，是明朝第十位皇帝武宗朱厚照和皇后夏氏的合葬陵墓。该陵墓建于公元1521年，占地2.7万平方米。明末，康陵曾遭到烧毁，在清朝乾隆年间，曾被整修。但经历了数百年的风雨侵蚀和人为破坏后，康陵的陵园建筑损毁已十分严重。经过近年的大规模修缮，目前，十三陵康陵主体标志性建筑明楼已抢修完毕。

古银杏树

位于康陵村中央的银杏树据专家考证已生长了近千年，是康陵村的独特风景，且给人们留下"金鸡报晓"等一些古老的传说，为朱家皇室选择陵寝披上了更加神秘的外衣。古人云："先有银杏树，后有康陵宫，再有康陵监。"它见证了康陵村的沧桑历史，发展演变。传说摸一摸银杏树，喝一喝银杏茶，可以健康长寿，吉祥如意，心想事成。

夫妻槐

康陵村口的两棵古槐树，据说已有500多年的历史。"夫妻槐"成双成对，相生相伴，情深意重。双槐历经风霜雨雪，却毅然直挺，犹如夫妇忠贞不渝的爱情，永结同心共患难，生生世世永相伴。传说"夫妻情侣拥双槐，终生相依永相伴"。

◆ **最天然可口的饭菜和最舒适的住宿**

康陵村现有民俗接待户45户，可一次性接待游客2500人次。均可为游客提供餐饮、住宿等服务。

餐饮

来到康陵村，品尝美味的正德春饼宴是必不可少的。薄如蝉翼的春饼、鲜嫩可口的自发豆芽、肥而不腻的松肉肘子、鲜香味浓的柴鸡蛋……荤的素的、炖的炒的、凉的热的，共有二十余种美食。并且所有农家乐的春饼宴均为统一定价35元每位（不含酒水）。

¥ 住宿：人均30元—50元

特色农家院推荐：立军农家院42号　☎ 联系电话：010—89722031
　　　　　　　　凤树农家院43号　☎ 联系电话：010—89721075
　　　　　　　　凤来农家院88号　☎ 联系电话：010—89721637
　　　　　　　　四季红农家院51号　☎ 联系电话：010—89721088

◆ **最乡土的特产**

香椿、花椒芽、山野菜、柿子。

◆ **最便捷的行程**

🚌 公交：市内从德胜门乘坐345慢车、345快车、919路到昌平南大街转乘昌平55路康陵路口下车。

🚐 自驾：驾车在昌平西关环岛第三出口（十三陵方向）往十三陵长陵西行4公里即到。

昌平区 康陵村

179

◆ 最动人的故事

金鸡的传说

很久以前，在康陵村中央的古银杏树上住有上百只鸟。每天啼叫打斗，热闹非凡。其中有一只鸟非常特别，它小巧玲珑，羽毛艳丽无比，尤其是它的叫声，非常的动听。据说这是一种神鸟，是无价之宝，有人说是只金凤凰，而更多的人说是只金鸡。每天清晨，这只金鸡都会第一个鸣叫，它那动听的叫声具有极强的号召力，引来周围数百只鸡鸟齐鸣，场面十分壮观。

旅游咨询

☎ 咨询热线：010—89722119

北京美丽乡村休闲攻略

红遍京城苹果园

真顺村
（昌平区崔村镇）

最美点"晴"

田间绿果真顺来　满载欢笑回家去

真顺村，一个光听名字就会让人觉得喜庆的村庄，是昌平地区远近闻名的苹果种植专业村。得天独厚的水土环境使这里产出的苹果香气四溢、又红又甜，在北京乃至全国都具有较高的知名度。说真顺的苹果好，那是公认的。人家不仅年年拿奖，这里的富士、王林等品种更是被评定为奥运推荐果品。真顺村的果品种植已有上百年的历史，早在清末民国初期，在村内老街便形成了民间"果子市"市场，附近村庄的果农都汇聚于此进行果品交易。至今仍有一座由73个村公立的石碑立于村中，见证着真顺村的辉煌历史。虽然果子市已经成为老人们口口相传的故事，但是标志着果子市的古槐树至今屹立不倒。据说，当时人们还在这棵古槐树上挂了一杆公平秤，以象征果子市的市场信誉。

真顺村北依绵绵群山，南望京密引水渠，西有军都山滑雪场为伴，东与太伟高尔夫球场为邻，是一块人杰地灵的风水宝地。全村村域面积8542亩，现有人口420户，1467人。2008年评为"北京市文明生态村"，2012年当选"北京最美的乡村"。

●●● 最佳攻略

◆ 最吸引人的活动

军都山滑雪场

　　位于真顺村西部军都山麓，西临明十三陵，东靠小汤山温泉度假区，距离市中心30余千米。滑雪场总滑行面积为15万平方米，另有6000余平方米的综合服务设施，是目前北京地区规模最大的滑雪场之一。

☎ 咨询电话：010—60725888

太伟高尔夫球场

　　背靠燕山山脉南麓，东倚翠华山，西依珠山，占地面积2000余亩，是集居住、商务、娱乐、休闲等设施于一体的综合性建筑。拥有锦标赛级18洞高尔夫球场、五星级酒店、高尔夫练习场、健康林和采摘园，是一座风景秀丽、绿草如茵的山地球场。

☎ 咨询电话：010—60724488

◆ 最好看的风景

古槐树

　　位于村北的古槐树，有400余年树龄，已被列为北京市一级古树文物保护对象。如今，古槐树已是主干中空，躯干也只剩下一半，却依然生机勃勃、郁郁葱葱，不禁令人赞叹。

◆ 最天然可口的饭菜和最舒适的住宿

　　真顺村是市级民俗旅游村，村中有多家民俗旅游接待户为游客提供餐饮、住宿等服务。

ℹ 菜品推荐：炖柴鸡、炖野兔、垮炖水库鱼、红烧肉炖吊子、野菜馅包子、贴饼子
¥ 人均：110元（三餐加住宿）
¥ 餐饮：人均消费30元

住宿：人均消费35元

农家院推荐：长顺开民俗旅游酒店　☎ 联系电话：010—60725666

如意农家院　☎ 联系电话：010—60721170

仕芳农家院　☎ 联系电话：13552577220

莘莘农家院　☎ 联系电话：13121280796

◆ 最乡土的特产

真顺村盛产各种绿色水果，每年从5月开始，来到这里可采摘美国大樱桃、杏、油桃、李子、葡萄、苹果、甜柿以及冬枣等。当然最有名的还是这里的苹果。真顺村苹果采摘园的面积达1500亩，年产量在500万斤左右，主产宫藤富士苹果，兼有王林、红星、金冠、国光等优质苹果。真顺的苹果凭借着独特的山前暖带地理优势，优质的山泉水以及坚持使用有机肥、农家肥，使产出的苹果皮薄、果肉脆、甜度高、可溶质高。苹果的成熟采摘时期在每年的10月中旬至11月初。

◆ 最便捷的行程

🚌 公交：1. 从德胜门乘345路至昌平东关，换乘昌平21路真顺村下车即到。

2. 从安定门乘地铁至天通苑，换乘昌平59路公交车至东崔村，换乘21路真顺村下车即到。

🚗 自驾：1. 从德胜门走京藏高速至昌平南环出口出，沿昌平南环路一直东行至崔村镇政府，红绿灯左转即到。

2. 从安定门向北沿立汤路直行至崔村兴寿路口路标红绿灯左转至崔村镇政府，红绿灯右转即到。

昌平区　真顺村

◆ 最动人的故事

　　真顺村原名"坟儿上"，得名于明武宗朱厚照的妃子刘娘娘葬于村子的西北部。朝廷随即派了两名太监来此守陵，后繁衍成村。据说两位太监一位叫张真敬，另一位叫郑顺敬。后人为了纪念二人，在两人姓名中各取一字即称"真顺村"。

◆ 周边景点

　　十三陵水库、蟒山森林公园。

旅游咨询

☎ 咨询热线：010—60721366

北京 美丽乡村休闲攻略
大兴区

北京最美的乡村
The Most Beautiful Village in Beijing

大兴区

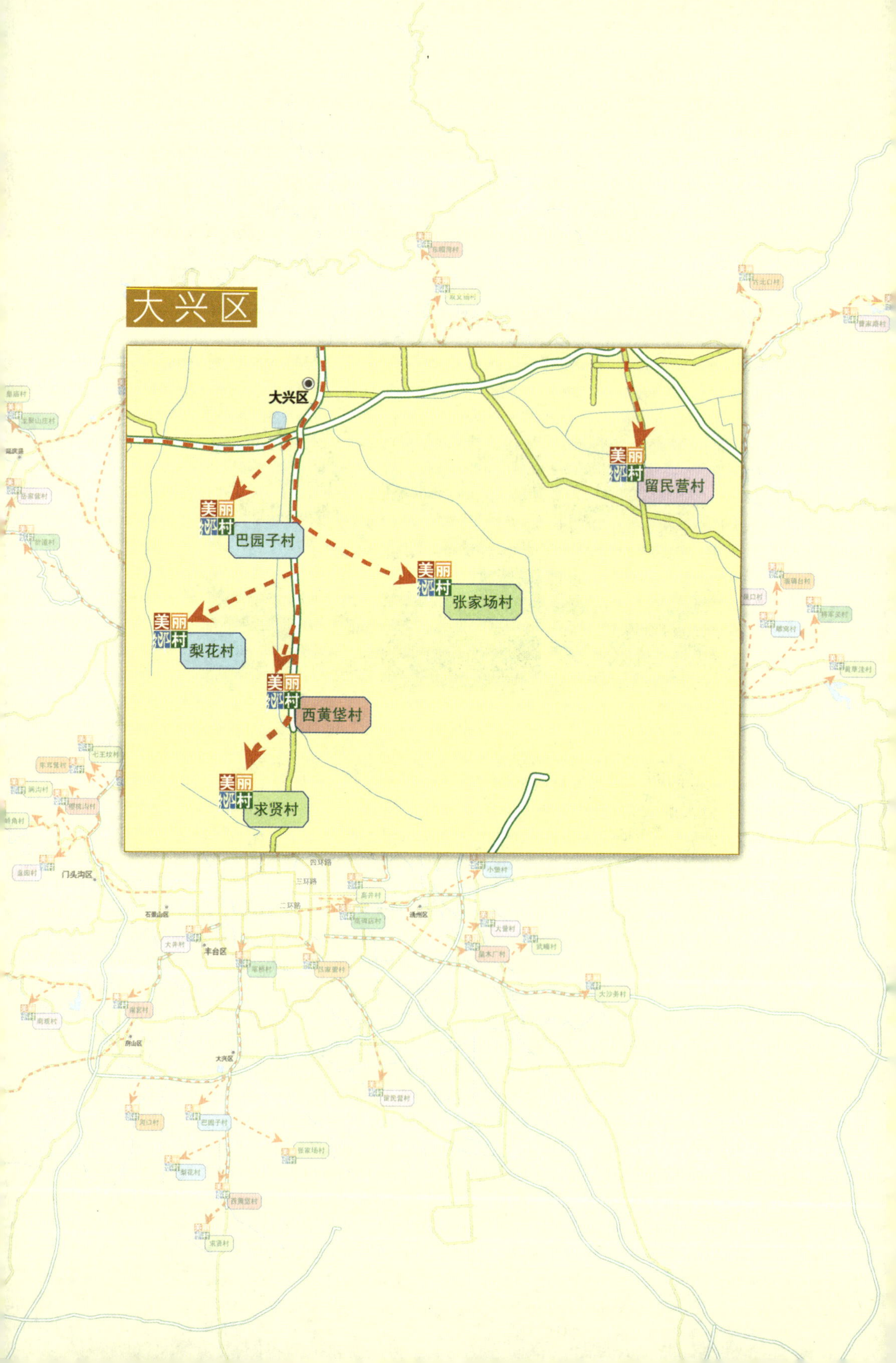

大兴区

美丽乡村 留民营村

美丽乡村 巴园子村

美丽乡村 张家场村

美丽乡村 梨花村

美丽乡村 西黄垡村

美丽乡村 求贤村

科技兴农千棚春　　**西黄垡村**

（大兴区榆垡镇）

 最美点"睛"

　　天堂河畔鸟鸣鹭啼，层层翠柳掩映之中，便是西黄垡村坐落之处。

　　杨柳依依，碧水潺潺，清风吹来，柳枝轻扬，河水清澈见底，水底招摇着柔柔的水草，水面倒映着摇曳的翠柳，深碧浅绿交映处，正是夏日避暑乘凉的难得之地。

　　"行至水穷处，坐看云起时"，水的尽头是碧绿的田野和菜畦，坐在青草地上仰望，湛蓝的天空中飘着或浓或淡的云，整个身心就这样轻易地放松了下来，俗世烦扰也不忍心来玷污这天堂河畔。

　　河边满是整齐的玉米地和蔬菜大棚，棚中种着绿油油的芹菜、香菜，还有香甜的西甜瓜、脆生生的黄瓜、酸甜适口的西红柿，一眼望去煞是喜人。饭后去绿荫遮蔽的竹屋中小憩片刻，伴着阵阵蝉鸣和幽幽竹香，哼上一支小曲儿，沏上一杯香茗，简直是神仙般的生活。

　　西黄垡村被1600多亩的林地环绕、村容整洁、规划工整。全村拥有2500亩耕地，种植蔬菜、瓜果、苗木和花卉，四季都有新鲜瓜果蔬菜供游客采摘，无论何时去都能有所收获。村民大多热情好客，淳朴的民风加上优美的环境，让人流连忘返。

最佳攻略

◆ **最吸引人的活动**

天堂河垂钓

清澈灵动的天堂河可以说是上天馈赠与西黄垡村的礼物，从开春垂柳发芽，到入秋落叶金黄，都是垂钓的好时机。带上一支鱼竿，鲜活的鱼儿就这样被钓上了钩。

天堂河河水清浅，水流平缓，如果觉得钓鱼不过瘾，干脆卷了裤腿趟水摸鱼，和白鹭、野鸭一起追逐着鱼群，真是沁人心脾的清凉，彻彻底底的痛快。

 时间：4月—10月

大棚采摘

提了刚捉的鱼，再去大棚里摘些无公害的新鲜蔬菜，黄瓜、西红柿、豆角、茄子和南瓜，样样透着水灵。西瓜、甜瓜沾着泥土，带着清香，带回家去给亲朋好友尝尝鲜，可谓营养美味的天然馈赠佳品。

 时间：4月—10月

锣鼓队表演

西黄垡村拥有一支自己的锣鼓队伍，还曾获得过各种比赛的奖项，水平十分专业。

◆ 最美的季节

　　春季，春草初生，柳芽尚嫩，满眼都是嫩绿，野花遍地，最适合踏青。

　　夏季，绿荫正浓，雨水丰沛，天堂河畔戏水捉鱼，绿树之间乘凉小憩，都是不错的选择。

　　秋季是丰收的季节，各色果蔬纷纷成熟，十分适合观光采摘。

◆ 最好看的风景

村中风貌

　　西黄垡村地处平原，地势平缓，一侧小河环绕，四周绿树成荫。西黄垡村村容整洁，建筑颇有古风，灰瓦红门，公路横纵交错，沿路还有汉白玉雕十二生肖塑像守卫，古意浓郁。

野生动物园

- ¥ 门票：80元/人
- ☎ 咨询电话：010-89216666
- ⌂ 地址：北京野生动物园位于大兴区榆垡镇，从西黄垡村开车沿京开路行驶4.6公里转向G106国道行驶3公里即到

◆ 最天然可口的饭菜

　　全村共30户左右可提供美味的饭菜。

郭义广民俗旅游户

- ⓘ 特色菜：一锅鲜，糊饼
  推荐理由：口味鲜香独特，份量实惠
- ¥ 50元/人　　　联系人：郭义广
- ☎ 电话：15910274197

刘景兴民俗旅游户

- ¥ 50元/人　　　联系人：刘景兴
- ☎ 电话：13716649935

糊饼

一锅鲜

◆ 最乡土的特产

　　西甜瓜、蔬菜等。

◆ 最舒适的住宿

全村共有30户左右可以提供住宿。

ⓘ 推荐：竹屋住宿　¥ 80-100元/人/天
🏠 联系人：村委会

◆ 最便捷的行程

🚌 公交：在南礼土路乘937路公交车至西黄垡村。
🚗 自驾：京开公路向南梨花桥出口下高速向南开
　　1.5公里，京开路西。

◆ 最动人的故事

黄土命名

据史料记载，西黄垡村在元代时已成村，以土壤黄色而得名"黄垡"。明朝燕王朱棣北征至山后小兴村，得张福等若干人降之，散居于此地。后有旨为王仓，建黄垡仓。

◆ 最经典的线路

一日游：北京野生动物园——西黄垡

西黄垡村紧邻北京野生动物园。野生动物园每日上午有猛兽表演，且离市区有一定距离，适合一早开车出发游玩。看完野生动物后沿路返回经过西黄垡村，可顺路去戏水乘凉，再采摘些新鲜果蔬携带回家。

巴园子村

满族风情俏京南

（大兴区北臧村镇）

最美点"睛"

巴园子村民均为巴姓，是满族镶黄旗后裔，因此整个村落处处彰显满族豪迈的气概。

村口，雕梁画栋的牌坊上刻着"巴园子"几个鎏金大字，而牌坊之后那郁郁葱葱的百米拱形文化长廊则无疑会吸引所有路人的目光。绿叶之中一串串葡萄在头顶微微摇晃，饱满的果实散发着诱人的甜香，摘下一粒尝一尝，葡萄竟是酸中带甜，香气格外浓郁，原来是酿造葡萄酒的优质品种。葡萄之间还夹杂有一些毛茸茸的小圆球，仔细一看竟是快要成熟的猕猴桃。再往前便是葫芦和南瓜，沉甸甸地挂在架子上，今年又是一个丰收的好年景。

长廊左侧是满族历史和民族风情介绍，右侧则是水墨丹青和古代传奇，文化与自然交融在这碧绿幽静的长廊之中，在镶黄旗和红灯笼的映衬下竟是无比的和谐美好。

村舍多为整齐的青砖瓦房，大棚紧挨着村舍建造，一排排十分整齐好看。一只蝴蝶一直在我们面前飞飞停停，好像要指引着我们去向前方，原来已经到了满族风情雕塑园。花丛之中，清朝太祖努尔哈赤一马当先，身后是一圈精美洁白的汉白玉雕塑。这其中有他的后代康熙和乾隆，有满族姑娘纵情歌舞，还有吊篮里的宝宝娇憨的睡姿，十分生动，活灵活现。

最佳攻略

◆ 最吸引人的活动

满族"颁金节"

每年农历十月十三日的"颁金节"是满族人的重大节日，是为了纪念清太宗皇太极将女真改为满洲的满族民族诞生节。

作为"京南满族文化明珠"的巴园子村曾承办"颁金节"，节日时满族儿女载歌载舞，还有来自各地的满族画家和书法家留下墨宝，场面十分热闹。

◆ 最美的季节

春、夏、秋季都可采摘。

春季采摘草莓，夏秋两季采摘西甜瓜、时令蔬菜、红薯、花生等。

◆ 最好看的风景

北京东方世纪骑士俱乐部

距巴园子村3公里处的东方世纪骑士俱乐部拥有多样化的娱乐项目，如骑马、网球、保龄球、游泳、桑拿等。

◆ 最天然可口的饭菜

"八碟八碗"满族风情宴

清乾隆年间政治经济局势稳定，百姓安居乐业，为饮食文化的繁荣奠定了基础。"满汉全席"成为那时传承下来的优秀饮食文化，分为"上八珍"、"中八珍"、"下八珍"，巴园子村的"八大碗"即为其中的"下八珍"。

"八大碗"即八样菜，四凉四热，"四凉"里两荤两素，"四热"里也是两荤两素，包括：雪菜炒小豆腐、卤虾豆腐蛋、扒猪手、灼田鸡、小鸡珍蘑粉、年猪烩菜、御府椿鱼、阿玛尊肉。

现在巴园子村又在此基础上增加了"八碟"，同样也是四凉四热，选取其他有特色的满族饮食，整套宴席香气浓郁，碗大碟深，份量十足。

☎ 电话：60279876
🏠 地址：巴园子村村口金顺德饭庄

北京美丽乡村休闲攻略

◆ 最乡土的特产

　　西甜瓜、小黄瓜、红薯。值得一提的是这里的小黄瓜，甜脆爽口，而且没有扎人的刺，特别适合生吃。

◆ 最便捷的行程

🚌 公交：地铁4号线天宫院站换乘新1路到巴园子村下车。

🚐 自驾：京开高速公路魏永路出口行至兆丰桥十字路口，西行3公里即到。

◆ 最动人的故事

巴园子的由来

　　自清兵入关以来，满族逐渐成为中原历史舞台上地位举足轻重的少数民族队伍，巴雅拉氏当年随多尔衮进京，后又奉命治理永定河，因水患迁居此地。辛亥革命后巴雅拉氏七世祖带领全族改姓巴，当地也因此而改名巴园子村。

满族三大怪

1. "窗户纸糊在外"

　　过去没有玻璃窗的年代，家家都糊窗户纸，并没有什么好奇怪的。但是糊在外面的窗户纸可就少见了。

　　东北天气严寒，窗外结的冰霜遇室内高温时会融化。窗纸糊在里面很容易会被水打湿，使用起来很不方便。因此聪明的人们想出来用当地土纸涂上桐油等防水物制成窗纸贴在窗外，防水防潮，不惧风雨，十分结实耐用。

2. "十七八的姑娘叼着大烟袋"

　　曾经的巴园子村几乎家家户户的炕头上都会摆着烟袋，而且做工精美的烟袋锅还是姑娘们出嫁必备的嫁妆，很多姑娘们年纪轻轻就已经学会抽烟袋了。但是现代社会大家都知道吸烟有害健康，因此这个传统也就渐渐被废弃了。

3. "养活孩子吊起来"

以前的家庭条件都比较困难，父母都要出门劳作或者打猎，这时候没人照顾的小孩子就会被放在吊起的篮子里，以防被野兽或虫子咬伤。父母回来的时候，这种吊篮也就变成了摇篮，孩子们躺在里面听着妈妈唱的儿歌随着节奏摇摆，温馨幸福的感觉顿时弥漫了整个小屋。

◆ 最经典的线路

东方骑士俱乐部骑马之后去巴园子村品尝"八大碗"，之后进村采摘。

梨花村

万亩梨园花果香

（大兴区庞各庄镇）

那浩如烟海的，是柔和、宁静的白；那鼻端萦绕着的，是丝丝缕缕的香。三万亩梨园，便有三万亩梨花，梨花村位于三万亩梨花海的正中心，是梨花仙子驻足之地。

可能正是因为得到了梨花仙子的眷顾，梨花村拥有庞各庄镇最优质的几千亩古梨园，每年产梨上百种。春季闻花香，秋季闻果香，梨花村几乎有半年都被淡淡的芳香气息环绕着。在3500多亩古老梨园之中漫步，仿佛穿越了历史长河，闻到了那时的花香，看到了那时的硕果，百年的历史仍未能改变这片土地的丰饶，梨花村仍然是永定河畔最美的乐土。

古梨园中有棵400多年的贡梨树。自明朝永历年间起，这棵贡梨树上出产的"金把黄"鸭梨就只能作为贡品进贡到宫里。朝代更迭，沧海桑田，如今已是21世纪，这棵古老的贡梨树到了秋天却依然硕果满枝，沉甸甸的鸭梨将粗壮的树枝都压弯了腰，只这一棵树年产量就可达两千多斤。而且，如此历经风霜的古树结出的果子仍然又脆又甜，顽强的生命力令人叹服。

万亩梨园中藏着林荫小道，青少年素质教育拓展基地、垂钓池和中国北方传统农具展览馆就在路旁。村中还有名人书画展堂，欣赏完字画出村转个弯，令眼前豁然开朗的是一片平整的草场。湛蓝的天空中是羊群般灵动的云朵，碧绿的草场上是云朵般洁白的羊群，微风送来嫩草独有的清新气味，竟是塞外草原般的美景。

最佳攻略

◆ 最吸引人的活动

梨花村梨花节

当春回大地、万物复苏之时，不妨忙里偷闲来梨花村赏花。探访古树、融入自然，莺飞草长、柳叶新绿。如织游人踏着落花在梨花簇成的云霞中穿梭，带一身清雅芳香回家。

⏰ 时间：每年4月

梨花村采摘节

金秋十月正是丰收的季节，金黄色的金把黄鸭梨正是香甜爽脆的时候。除了标志性的金把黄鸭梨，还有北京特产京白梨，味浓饱满的秋水梨，奇特的子母梨和红肖梨等多个优秀梨种，更有"梨王"擂台赛让我们一饱眼福。此外，还有花生、红薯等可供挖掘。

时间：每年10月

◆ 最美的季节

春季赏花

每到春来四月时，遍野梨花尽数开放，便是梨花村最美的时光。乍暖还寒时，姑娘们已经早早换了裙装，在花丛中嬉笑打闹、拍照留念；摄影爱好者们扛着"长枪短炮"来记录梨花绽放的美好瞬间，同时也记录下了姑娘们堪比花娇的美丽脸庞。

秋季摘梨

丰收时节，带上家人或伴着三五知己好友去梨花村采摘游玩，看上哪个漂亮的大梨就摘下来咬上一口，无公害的新鲜鸭梨无需水洗，可直接食用，还有比这更美好的生活么？

北京美丽乡村休闲攻略

◆ 最好看的风景

万亩梨园

春有花，夏庇荫，秋摘果，梨园是梨花村的精魂所在，也是众多游客去梨花村游玩的主要目的地。

月球路中秋月

月球路是隐藏在梨园中的一条曲折石径，上有十二生肖石雕，雕工精美。中秋之时合家于月球路赏月，四周只闻清风掠过树梢轻响，夜空月光皎洁，吃一口月饼，品一杯香茗，尝一只鸭梨，别有团圆之乐。

◆ 最天然可口的饭菜

全梨宴

代表菜品：爆炒梨片、地瓜梨丝、炸梨丝团子等。主厨韩氏夫妇，女主人祖上为宫廷御厨，四百多年前就有做全梨宴的传统。制作出的全梨宴清香可口，令人食指大动。

¥ 人均价格：50—100元
☎ 电话：010-89259371
🏠 地址：梨花村内老慈农家院

柴锅酱焖鱼

梨花村民俗旅游接待户勾家大院，代表菜品为柴锅酱焖鱼、凉拌苏叶、炸西瓜丸子。酱焖鱼使用传统大柴锅焖制，肉质酥软，口味咸鲜，入味极浓。配以农家特有凉菜拌苏叶佐始，别有风味。

¥ 人均价格：50—100元
👤 联系人：勾洪普
☎ 电话：13711761118
🏠 地址：梨花村内主路旁勾家大院

◆ 最乡土的特产

金把黄鸭梨、京白梨、秋水梨、子母梨、红肖梨。

◆ 最舒适的住宿

勾家大院

院内种满蛇豆和葫芦，在凉棚上面悬挂成一面绿色的天然遮荫棚。空气清新，晚上极为安静，特别适合放松心情。

- 价格：100元/间
- 地址：梨花村内主路旁勾家大院

◆ 最便捷的行程

- 公交：在地铁4号线天宫院站换乘937到赵村站下车。
- 自驾：从南三环玉泉营上京开高速，梨花桥出口出，向西往赵村方向，大约四五公里。

◆ 最动人的故事

金把黄鸭梨的由来

据说明朝万历年间，那时的梨花村（原名"南庄"）里住着个才学渊博、颇有见识的寇姓秀才，颇受明朝皇帝的赏识，经常召进宫去谈古论今。因他与皇帝交好，当地百姓称他为"寇大官人"。

有一年中秋佳节，皇帝和寇大官人一起饮酒赏月，谈兴正佳。皇帝对寇大官人说："寇爱卿，今天我让你品尝一样东西，你猜是什么？"寇大官人说："是月饼吧？""不对。"原来皇上拿出来的是一只大萝卜。他说："朕最爱吃的是萝卜，这是前天北村进贡来的。这种萝卜白皮绿瓤，名叫'葱心绿'，又甜又脆，味道极佳。"寇大官人也对皇帝说："陛下，我今天也给您带来一样我们村的土特产，您看。"说罢，取出了两个梨放在餐桌上，每个都有八九两大小，金把黄皮，散发着沁人心脾的芳香。寇大官人对皇上说："请万岁尝一尝这梨子，保证您满意。"皇帝接过梨子，放在嘴里一咬，甘甜爽口。皇帝问这种梨叫什么名，寇大官人说："这种梨就叫鸭梨，没有别的名字。"皇帝一笑，对寇大官人说："我这里已有一句上联，你给对个下联。"寇大官人说："陛下请讲。"只见皇上拿起那个萝卜，笑吟吟地说："北村萝卜葱心绿。"寇大官人稍一思索，看了看餐桌上剩余的梨子，立即回答："南庄鸭梨金把黄。"从此，梨花村的鸭梨就有了"金把黄"的美名。

◆ 最经典的线路

梨花村摘梨，西瓜博物馆看瓜。

北京美丽乡村休闲攻略

生态农业第一村 **留民营村**
（大兴区长子营镇）

 最美点"睛"

　　初进留民营村，还以为走错了路，到了哪个小镇上。宽阔的马路、整齐的楼房、干净的广场，没想到在大片绿色田野的包围之中，竟有如此精致又现代化的村落。

　　烧火用纯净的沼气，照明用太阳能路灯，留民营村不愧为中国生态第一村，绿色环保的程度比发达城市还要高出不少。留民营1982年就已经开始实施生态农业建设，开发生物能和太阳能，难怪连前任联合国秘书长安南都要来留民营村参观、考察。

　　留民营村拥有高科技有机农业示范区、无公害畜牧养殖区、民俗旅游观光区、沼气太阳能综合利用区、生态庄园、科普公园及旅游接待中心，教育意义与旅游乐趣并存。在这里，知识就蕴藏在身边的一草一木、一花一果之间，在采摘瓜果蔬菜、观赏美丽景色、喂养家畜家禽的过程中，都可以在不知不觉中获得环保先进理念、获得科学农业知识。

　　除此之外，优美的环境、清新的空气也是留民营吸引我们的一大因素。休息日带上家人来到这里，在垂钓池旁钓两尾鲜鱼，去农业大棚摘两棵青菜，再去养殖区拣几个草鸡蛋，在花园中、假山上呼吸下周围的新鲜空气，一周的疲惫就此卸下。

最佳攻略

◆ 最吸引人的活动

千人饺子宴

留民营村千人饺子宴年年举办，每到大年三十这一天，村中的居民家家户户就聚在一起忙碌了起来，热热闹闹办一场千人饺子宴。

饺子宴上有巨型饺子、五彩饺子，馅料也各不相同。如此盛大的景象不仅吸引了周边游客，不少老外也来亲自体验中国人过年包饺子的喜庆。

◆ 最美的季节

留民营村春、夏、秋都有采摘园开放，这三个季节来可以采摘到不同的新鲜果蔬。生态养殖园四季都热热闹闹，沼气池更是一年到头不停歇作业，要想来科普游随时都方便。

◆ 最好看的风景

生态科普公园

生态科普公园主打亲子游，这里是孩子们的天堂。二十四节气壁画颜色柔和、情节有趣，不知不觉中就让孩子们有了深刻的印象；小小动物园中与动物们的互动让孩子们更加亲近大自然，也更有爱心；农具陈列可以让孩子们体会一下劳作的快乐。看着孩子们天真的笑脸，听着他们银铃般的欢笑，这就是家长心情最舒畅的一刻。

沼气池及无污染畜牧养殖区

留民营沼气共有三期工程，一期高温发酵池、二期中温发酵池、三期沼气"七村联供"项目。规模宏大、节能环保。

与沼气池紧密相连的就是无污染畜牧养殖区。区内蛋鸡饲养量20万只，散养鸡1万只，还有商品猪5000头，奶牛100多头。在饲养区喂散养鸡、拣天然鸡蛋，是游客的一大乐趣。

◆ 最天然可口的饭菜

咯吱饸

咯吱饸是一种老北京特色食品，又叫"咯吱盒"、"炸咯吱"，咬起来香酥可口。留民营将咯吱饸包装整齐，可散装零卖，也可礼盒包装，十分方便。

🏠 地址：留民营旅游接待中心

三八席

三八席顾名思义，有八凉、八热、八大碗。菜单如下：

八凉：农家灌肠、咯吱合、大丰收、炸鹅脖、素什锦、咸鸭蛋、五彩杏仁、酱香猪头肉；

八热：干炸大虾、番茄软鸡、鱼香茄合、肉炒蒜苗、草菇扒西兰、木须肉、拔丝山药、香焖鱼；

八大碗：萝卜牛腩、鸳鸯蛋、四喜丸子、酱香条子肉、方子肉、羊肉氽冬瓜、让豆腐、炖柴鸡。

🏠 地址：留民营旅游接待中心
注：提前三天预订，每桌只限10人

◆ 最乡土的特产

天然鸡蛋、无污染果蔬。

◆ 最便捷的行程

🚌 公交：在市区乘82或在亦庄乘32路到留民营。
🚗 驾车：上京沪高速，从马驹桥收费站下高速，然后走马朱路到留民营。

沼气站 Biogas Station
工业园区 Industrial Park
水厂 Water Works
居民居住区 Residential Area
标准化养鸡场 Standardized Chicken Farm
冬枣园 Chinese Jujube Dongzao Garden
留民营旅游服务中心 Liuminying Tourist Service Center

乡风文明幸福村

求贤村
（大兴区榆垡镇）

 最美点"睛"

　　"一地碱，两块沙，有块好地求贤挖"。在北京大兴区大块的盐碱地和沙地之中，求贤村像是沙漠中的绿洲，土壤之肥沃是周边其他村落不可比的。1000多个蔬菜冷棚种植着各种常见的无公害新鲜蔬菜和瓜果。钢架日光温室们则带着红帽子、穿着白衣裳整齐地排列在蓝天下，娇嫩一些的无花果、油桃等就躲在这里面晒太阳。

　　肥沃的土地种出了营养果蔬，也培育了美丽的鲜花。特色花卉大棚里更是有一品红争相开放，还有长青的铁树即使在严冬也给人带来一丝绿意。不只村中有花，村外的梦幻紫海香草公园中，各色花卉更是每年都吸引不少游客前来参观。

　　如果您还在因为各种原因不能去欧洲游玩而遗憾的话，如今在求贤村就可以看到不逊于欧洲的田园美景。一入园，映入眼帘的就是一望无际的紫色海洋，薰衣草的特殊清香包围着我们，各色蝴蝶在花间起舞，如梦似幻。除薰衣草外，还有紫露草、马鞭草、千屈菜、玉簪花、假龙头、美人蕉、月季花等不同品种的花卉，深紫浅紫、淡粉纯白、金黄橙红交相辉映，一年三季轮番开放。景区整体规划以欧洲风情为主，分为普罗旺斯情缘、罗马愿望、波尔多印象、鹿特丹风车、枫丹白露园、威尼斯岛屿、米兰摄影棚、巴黎郊外八大景观，欧式建筑与各色花海融为一体，清幽浪漫，犹如走进童话世界。

最佳攻略

◆ 最吸引人的活动

求贤村文艺晚会

求贤村文化生活十分丰富，求贤剧场是附近最大的文化礼堂，可以安排各种娱乐活动。求贤村有三支文化队伍——艺术团、秧歌队、吵子会。三支队伍不仅经常在村内表演，还时常参与大型文体活动。如吵子会先后在2008年奥运会迎宾、国庆60周年表演活动中亮相。去求贤村休闲采摘时，若赶上文化表演，不妨一起乐上一乐。

⏰ 时间：全年

求贤村采摘节

求贤村大棚蔬果种植以西红柿、黄瓜、茄子、豆角、西瓜、甜瓜为主。此外，求贤村还发展以梨、杏、油桃为主要特色的林果种植。不同季节棚里有不同的新鲜瓜果可以采摘。

⏰ 时间：全年

◆ 最美的季节

初夏观紫草

每年6月到8月期间是薰衣草、马鞭草等紫色花卉盛开的季节，最适宜紫草庄园的观光游览。

◆ 最好看的风景

普罗旺斯情缘

许多人心里都藏着一个普罗旺斯薰衣草梦，薰衣草庄园代表了某种简单浪漫、无忧自在的生活方式。看到满眼的紫色会让人暂时忘记烦忧，特殊的馨香可使人的精神放松，可以说，这里是让您身心愉悦的乐园。

¥ 票价：60元/人

🏠 地址：梦幻紫海香草公园

◆ 最乡土的特产

西甜瓜、杏、油桃、无花果等水果以及各类蔬菜。

◆ 最便捷的行程

🚌 公交：地铁4号线天宫院站乘842到求贤村站下车。

🚐 自驾：京开高速公路转大广高速公路，西黄垡桥上匝道，右转进入芦求路直行即到。

◆ 最动人的故事

贤人摆渡

　　相传曾经的永定河没有建桥梁，过河都要靠摆渡人。摆渡人是个好心肠，遇到穷人有时甚至不收船钱。

　　一日，一名女子因被奸人所害走投无路跳河自尽。摆渡人不顾河水湍急，跳下船去把她救了上来。女子温柔漂亮，她感激摆渡人救了自己的性命，又敬佩他的胆量和人品，于是和摆渡人结为了夫妻。他们夫妻二人相处和睦，子孙满堂，后人渐渐多了后，就形成了一个村落。因摆渡人姓求，而他的夫人姓贤，因此这个村落叫做"求贤村"。

◆ 最经典的线路

　　梦幻紫海香草庄园赏花后，到求贤村采摘。

绿色精品富乡邻 张家场村
（大兴区魏善庄镇）

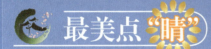 最美点"睛"

  2012年当选"北京最美的乡村"的张家场村，可以说是一颗冉冉升起的新星。用三季有花、四季常绿来描述张家场村一点都不夸张。

  张家场村内绿化面积高达4万平米，再加上旁边的万亩森林公园，一眼望去尽是一片绿的海洋，把张家场装扮得妖娆秀丽、婀娜多姿。近200余亩梨园包围着村舍，每当春风荡漾之时，梨树花开，千朵万朵，压枝欲低，白清如雪，玉骨冰肌，素洁淡雅，靓艳含香，风姿绰约，真有"占断天下白，压尽人间花"的气势，俨然使张家场村在整片梨园的映衬下构建成了一个浪漫的国度。

  茂盛的植被像是天然制氧机，纯净的氧气通过光合作用源源不断地制造出来，像是将张家场村笼罩在了一个氧气罩中。植物的清香混合阳光和泥土的味道，让呼吸变成了一种享受。

  夜宿在张家场是一种心灵的洗涤。这里不同于一般的农家乐，而是住在平常农户家，少了许多商业气息。这里夜晚的空气格外清新，抬眼见繁星点点，侧耳听虫鸣阵阵，宁静的氛围让人沉醉其中，恨不得就停留在那比城市中璀璨数倍的星光下，让灵魂得到沉淀和救赎。

最佳攻略

◆ **最吸引人的活动**

以舞会友

这里的村民们每晚都会聚在一起跳广场舞。女人们身姿妩媚，男人们充满阳刚之气，老年人也焕发了青春的活力，孩子们也有模有样地跳着，温馨欢乐的气氛令人动容。

除了广场舞之外，张家场村还经常举办联欢会、秧歌舞会等，并且拥有一支专业的秧歌队伍。

⏱ 时间：全年

◆ **最美的季节**

春季观梨花、踏青；夏秋两季采摘、观星。

◆ **最好看的风景**

半壁店森林公园

与张家场村紧邻的半壁店森林公园占地180公顷，以田园式风光著称。院内草木清香、空气清新，种植有20多种树木，并有桥、亭、水等景观。

◆ **最天然可口的饭菜**

食家鸽园鸽子宴

鸽子是非常好的补品，鸽子宴自然以鸽子为主打，食家鸽园采用园内自养家鸽；肉质鲜嫩，烤、炒、炖等做法不一而足，且色香味俱全。

北京美丽乡村休闲攻略

◆ 最乡土的特产

西甜瓜、秋水梨、花生、蒿子秆、西红柿、苦瓜等，各户均可采摘。

张家场村种植西瓜和秋水梨较多。西瓜纹路清晰，皮薄肉脆；秋水梨个大肥美、肉质细嫩、甜蜜多汁，成熟后表皮呈淡棕色，略有粗糙感，口感非常特别。

此外，梨园之中常夹种花生。这里的沙土地格外适合花生生长，长出的花生饱满脆甜，生吃别有一番风味。

◆ 最舒适的住宿

全村共有10户左右民居可以提供住宿。

💰 推荐：80-100元/人/天

◆ 最便捷的行程

🚈 公交：地铁天宫院站乘844区间车至东沙窝村东口下，步行即达。

🚌 自驾：沿京开高速向南。出六环，至庞各庄出口出来，继续沿辅路向南，行至第二个红绿灯（瓜乡桥下）左拐。沿路向东直行（约7.5公里），路西即为半壁店森林公园。沿公园北侧道路向西即达。

◆ 最经典的线路

先到半壁店森林公园游玩，后去张家场村采摘、住宿。

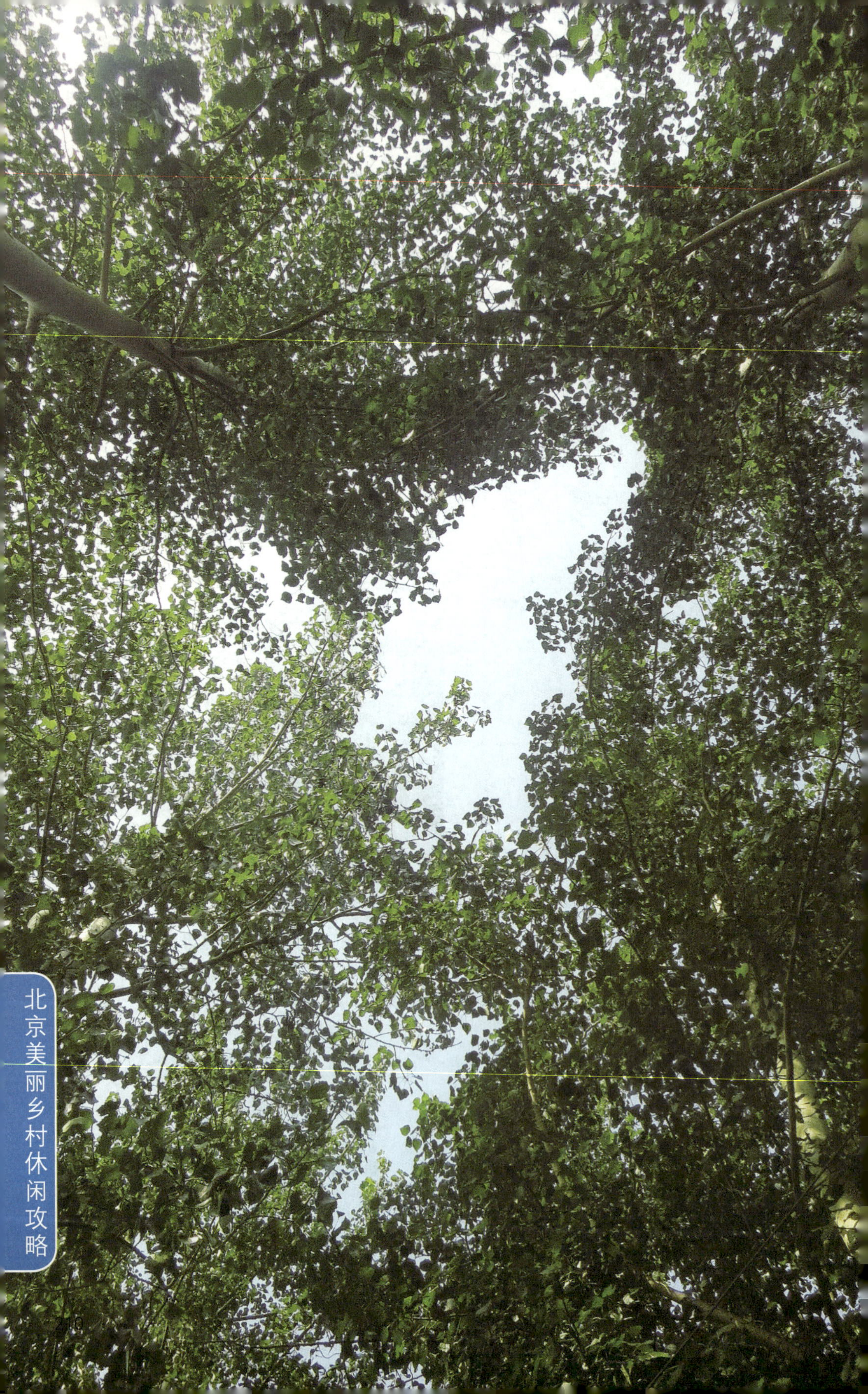

北京 美丽乡村休闲攻略 怀柔区

北京最美的乡村
The Most Beautiful Village In Beijing

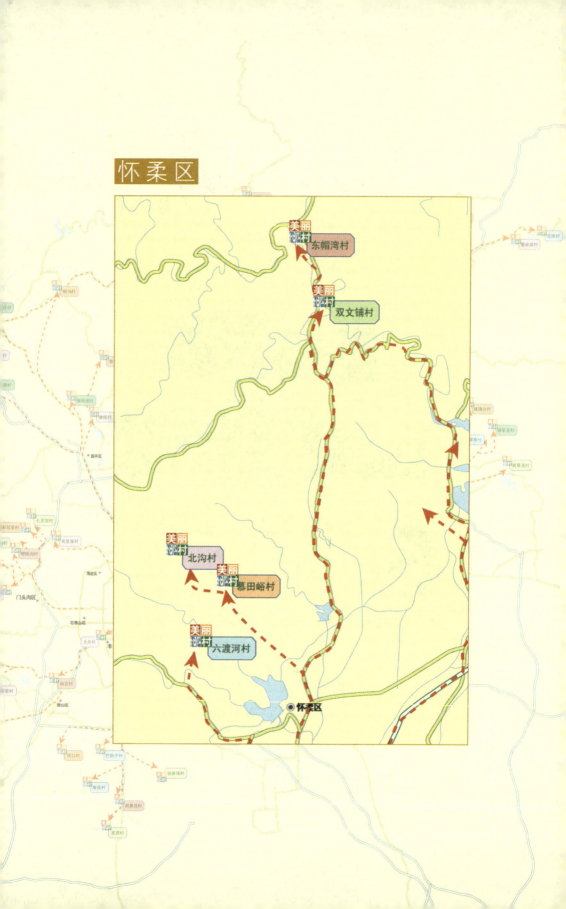

怀柔区

美丽
秋桃村 东帽湾村

美丽
秋桃村 双文铺村

美丽
秋桃村 北沟村

美丽
秋桃村 慕田峪村

美丽
秋桃村 六渡河村

◎怀柔区

水润山青养生园　东帽湾村
（怀柔区汤河口镇）

最美点"睛"

北方的小丽江

　　在地图上查找东帽湾的时候，我惊讶地发现，眼前出现了一个轮廓分明的高大男子形象，而勾勒出这个男子形象的恰恰是风景怡人、灵气十足的白河湾，东帽湾就在白河湾的顶端，恰似一顶戴在男子头上的官帽，颇有"舍我其谁"的气势，据说这也是"东帽湾"这个充满福气之名改名的最初来源，这也透露着祖祖辈辈的东帽湾村人为祈盼子孙后代飞黄腾达，掌管官印的最朴实的心愿。

　　静静环绕着的白河湾、透蓝的天空、青翠的树木、野性十足的群山，这一切优越的地理环境，仿佛空气中弥漫着一股穿透力，不知道的人还以为置身于美轮美奂的丽江。于是，"北方的小丽江"的美誉也流传开来。

　　不仅如此，这个与加拿大温哥华处于相同纬度的村子，具备种参的最佳气候与水土条件。早年间，作为特色产品的西洋参不仅为这个村子带来了巨大的经济效益，而且，充满智慧的村里人还将养参和养生紧密结合，开辟了独具特色的"养生文化节"。"品参茶、观参景、采参娃"，定期邀请知名养生专家前来做讲座，村民们忙得不亦乐乎，东帽湾的名气也越来越大。

　　而今，东帽湾村的村民们仍在致力于民俗旅游的开发。环绕着的美丽的白河湾，供游人休憩的木制的游廊蜿蜒水边，水面上搭起观景水台，荷兰风情的风车惹人注目，文化味十足的孔子、魏征、包拯、范仲淹等文人雕塑屹立在西岸，规划中的推窗便可享受白河湾美景的淡蓝色小别墅整整齐齐划一地排列着，挖挖西洋参，采采圣女果，钓钓鱼，再搭个简易的烧烤台，迎着丝丝凉风，尽享这"丽江"时光，美好的生活不就如此吗？

东帽湾像戴在白河湾上的一项官帽

最佳攻略

◆ **最吸引人的活动**

养生文化节、
汽车接力赛。

◆ **最美的季节**

春季赏花、夏季戏水、秋季登高、冬季赏雪等。

◆ **最好看的风景**

桥头水上公园、
西沟门人工瀑布。

◆ **最天然可口的饭菜**

洋参宴、帖饼子。

张福银民俗户
联系人：张福银
电　话：13501257298

李振兰民俗户
联系人：李振兰
电　话：010-89672388

曹自华民俗户
联系人：曹自华
电　话：13810668908

王殿英民俗户
联系人：王殿英
电　话：13581821311

◆ **最乡土的特产**

西洋参、
圣女果、
桃。

◆ **最舒适的住宿**

🏠 张福银民俗户
¥ 住宿价格人均30元一张床位，
有标准间、套间
🌱 联系人：张福银
☎ 电 话：13501257298

　　🏠 李振兰民俗户
　　¥ 住宿价格人均30元一张床
　　位，有标准间、套间
　　🌱 联系人：李振兰
　　☎ 电 话：010-89672388

🏠 王殿英民俗户
¥ 住宿价格人均30元一张床位，
有标准间、套间
🌱 联系人：王殿英
☎ 电 话：13581821311

　　🏠 曹自华民俗户
　　¥ 住宿价格人均30元一张床位，
　　有标准间、套间
　　🌱 联系人：曹自华
　　☎ 电 话：13810668908

◆ **最便捷的行程**

🚌 公交：到北京东直门总站乘坐916路公交车到怀柔于家园车站，然后转坐936路公交车到汤河口终点
站下车，向西过隧洞经庄沟门村约500米后即到。

🚐 自驾：由京承高速怀柔出口至雁栖湖青龙峡方向约50公里汤河口镇，向西过隧洞经庄沟门村约500
米后即到。

◆ **最动人的故事**

　　汤河口镇东帽湾村原名东
马湾，古时这里是一片茅草丛
生的乱石滩，东帽湾村的刘姓
祖先们看中了这里的水草，便
由山西洪洞县迁移至此，放马
为生，故名东马湾。

　　千百年来，肆意泛滥的白
河水曾给白河岸边的黎民百姓
制造了流离失所、无家可归的
惨剧，但也给东帽湾村带来了
一片肥沃的土壤和生机盎然的
家园。勤劳的东帽湾先人们开
渠治水、平整稻田。随着时光
的流逝，这里的人们开始丰衣

足食，生活富足了，再也不靠放马为生，故又起名东茂湾。

后来，东帽湾村的祖先们为了祈盼子孙后代飞黄腾达、掌管官印，他们根据村子三面环水一面倚山，地势地貌像一顶官帽而又将村名改为东帽湾。斗转星移，"东马湾"、"东茂湾"的旧痕已经弥散在历史的印记中。潺潺的白河水日复一日、年复一年地滋润着东帽湾的儿女，同时也孕育出了京郊一颗璀璨的明珠村。东帽湾村连续16年获得北京市"两个文明建设先进村"，连续5年获得市级"先进党支部"，连续3年获得市级"卫生先进村"和市级"文明村"，2001年获北京市"绿化美化先进单位"，2003年获北京市"民俗旅游接待先进村"，2004年荣获市级"生态文明村"的光荣称号，2006年获得怀柔"十佳魅力乡村"，2007年获得"北京最美的乡村"。

◆ 最经典的线路

上午在白河湾沿岸感受它的柔软与惬意，在有着"天河第一瀑"之称的小水帘洞中嬉戏、游玩，或者钓钓鱼，在附近的果园摘摘桃、杏、李子，挖挖人参，再支个烧烤架；下午沿河骑骑马，或者去附近来个惊险的漂流。

国际文化汇山乡 **慕田峪村**

（怀柔区慕田峪办事处）

"东连渤海仙源台，西映居庸紫翠迭"，慕田峪长城可谓明朝万里长城的精华所在。这段长城非常具有立体感，俯瞰下，犹如在山巅腾飞的一条巨龙，高峰处，如巨龙昂首，欲上九天；沟谷处如巨龙饮水，一头扎进山涧溪流之中，蔚为壮观。

这里敌楼密集，关隘险要，城两侧均有垛口。"牛犄角边"、"箭扣"和"鹰飞倒仰"都是极富特色的长城建筑。春季，群芳争妍，山花烂漫；夏季，满山青翠，流水潺潺；秋季，红叶漫山，果实累累；冬季，白雪皑皑，银装素裹，一派北国风光。慕田峪长城在中外享有"万里长城慕田峪独秀"的美誉。英国前首相梅杰、美国前总统克林顿等多位外国首脑都曾到慕田峪游览。

"爬明代古长城，吃虹鳟鱼，品国际文化"，慕田峪长城脚下的慕田峪村因此得名。如果说长城风景是吸引"老外"的诱因，那么乡土文化、乡村风貌则是留住"老外"的内质。这里没有高档的建筑，青砖、灰瓦、石墙、木柁呈现着原生态的乡村符号，接纳着不同国度的生活方式，而绽放出一道绚丽多彩的国际文化风景线。村中最具特色的"小园"——好听的名字、颇有情调的设计、清雅的环境，归国的美籍华人把这个破落的地方稍作改造，古朴的长城文化与西方文明在这里交融，为慕田峪村增添了新的文化韵味。

最佳攻略

◆ **最美的季节**

　　北京的春秋不冷不热,气候适中,是理想的旅游季节,尤其是秋季天高气爽,气候宜人,是为中外游客所称道的"金色北京"。全年最好旅游月份是4、5、9、10月份。

◆ **最好看的风景**

　　慕田峪长城

　　慕田峪长城1992年被评为"北京旅游世界之最",1997年被评为"北京市文明景区",2011年晋升为国家5A级景区。

中西合璧的民居设计

　　1997年,美国人萨洋、唐亮夫妇因喜爱古老的长城景观和慕田峪村优美和谐的自然环境,成为慕田峪村的第一户外籍居民。随后的几年来,多户外籍友人陆续在慕田峪村"安家"。由此形成了各具特色的"中西合璧"的民居设计。

万里长城第一缆车

　　中华梦石城

　　位于长城脚下,占地面积33000平方米,收藏了来自全国各地的奇石精品20000余方,分置于慕田水琳洞、怪石园、奇石大观楼三大自然景区,有"世界第一石"、"骏马奔腾"、"雄狮迎宾"、"大鹏展翅"、"玉峰插云"、"五老峰"等近千处景观。

施必得滑道

　　俗称"旱地雪橇",是一种集体育和娱乐为一体的交通工具,全长1580米,最高时速可达30千米/小时.交通工具,全长1580米,最高时速可达30千米/小时

◆ 最天然可口的饭菜

　　栗子焖肉、虹鳟鱼、金樽鱼、一锅鲜、农家菜、山野味大全、烤全羊、烤羊腿、烤羊排。

　　以上美食、特色菜品均可在慕田峪民俗接待户品尝到。

　　小园：意大利风格美食。

◆ 最乡土的特产

板栗	成熟时间为每年8月中旬–9月中旬	20–30元/公斤
糖梨	成熟时间为每年8月下旬–9月上旬	10–20元/公斤
核桃	成熟时间为每年8月中旬–9月上旬	30–40元/公斤

◆ 最舒适的住宿

　　本村共有民俗接待户12户

海中艳农家饭店
住宿人均消费50元/天
联系人：李海廷
联系电话：61626380 / 13661056778

慕田峪渔村
住宿人均消费60元/天
联系人：曹福江
联系电话：61626040 / 13911059357

缘富成渔吧
住宿人均消费50元/天
联系人：李晓旺
联系电话：61626326 / 13611198696

小园餐厅以及小园餐厅中的玻璃艺术

◆ 最便捷的行程

🚌 公交： 1. 每年的3月15日—11月15日期间，在东直门公交枢纽站乘坐867路直达。上午7:00、8:30
发车，下午2:00、4:00回北京。

2. 在东直门公交枢纽站乘坐916路——怀柔北大街——马路对面换乘916路支线（于家园—兴
隆城）直达。

🚗 自驾： 京承高速第13号（北台路）出口出，沿慕田峪长城景区路标行驶即可到达慕田峪村。

◆ 最动人的故事

　　南北朝时的的北齐（公元550年—577年），就在慕田峪筑有长城。明朝初年重
建，据文献考证，慕田峪长城是明初朱元璋手下大将徐达在北齐长城遗址上督建而
成。明永乐二年（1404），这里设正关，在高山之上筑长城。因在沟谷抬头仰望，仿
佛上可接天，故名摩天峪（谷）关，由于摩天与慕田近音，且峪和谷是通假字，后来
就叫慕田峪（谷）关了。到了明末，开始有赫、王、杨等姓人家迁至此地居住，逐渐
形成村落，并因此而得村名。

北京美丽乡村休闲攻略

六渡河村

山环水绕栗之乡

（怀柔区渤海镇）

最美点"晴"

京郊板栗第一村

位于怀柔栗花沟的六渡河，映入眼帘的是镜子一样平静的水面，这条蜿蜒而过的白沙河，把六渡河的美映照得一览无余；漫山遍野的栗树，栗子飘香；人工打造的沿水木制栈道，踩上去咯吱咯吱作响；栈道一旁，大片大片的荷花开得正艳，荷叶上闪闪的水珠，在阳关的拂照下，像一颗颗散落的珍珠；微风拂过，狗尾巴草随风清动；钓鱼的游客欻地收起鱼竿，一条活蹦乱跳的大鱼令周边正在烧烤的同行沸腾了，肥美的鱼肉鼓动着大家的味蕾，今天的午餐又多了一道美味。

当然啦，你也可以选择去村里尝尝当地出了名的铁锅鱼或者栗子宴，尤其是栗子宴。六渡河素有"京郊板栗第一村"的美誉，这里的土壤有机质含量高，出产的板栗是栗中珍品。在清代还成为皇室贡品。勤劳智慧的村里人在农家饭的制作上引入"板栗宴"，栗子焖肉、大枣栗子、干炸栗蘑、栗蘑炒芹菜、栗蘑炒扁豆角丝、栗蘑汤、栗蘑馅饺子等美食，再配以板栗养生酒，让人大饱口福。

吃饱喝足了，不妨去附近的圣泉山观音寺溜达一下，去追寻悠久的佛教文化和正统的礼佛传统。当然啦，再远一点，还可以去爬爬慕田峪长城，晚上再参加本村的花会表演，在大山的深邃中感受村里人火样的热情，什么烦恼都会消失殆尽。

最佳攻略

◆ 最吸引人的活动

1. 每年六月份为本村最美丽季节，那时漫山遍野的栗树花盛开，让游客在饱眼福的同时，也沉醉在栗花芳香的世界里。

2. 本村依山傍水，植被覆盖率达到83.3%，堪称为京郊洗肺黄金区域，每年春夏秋三季均适合来此休闲旅游度假。本村有垂钓地点20余处，烧烤营地10余亩，绝对是一个休闲、消遣的绝佳场所。

3. 本村拥有最美丽乡村大鼓队和广场舞表演队，每天晚上都在板栗文化广场进行排练、表演，届时游客可以免费欣赏独具特色的地方花会表演。

◆ 最美的季节

春季认养板栗树，夏采栗蘑，秋摘板栗，冬季在板栗林中赏雪，一年四季，总有一种美属于你。

◆ 最好看的风景

圣泉寺

相传始建于唐代，复修于明代，周围南松北柏，繁盛苍翠。寺内圣泉古井，寺前滴水泉，寺小神奇旺，境深灵迹多。圣泉寺自古以来就是北京地区著名的观世音道场。

¥ 门票：26元/人，含免费农家饭菜   ☎ 咨询电话：60637288 / 7289

慕田峪长城

构筑有着独特的风格，旅游区群山环抱，风景秀丽，在中外享有"万里长城慕田峪独秀"的美誉。旅游内容丰富，建有"中华梦石城"和"施必得"滑道。

¥ 门票：成人40元，学生（凭学生证）20元，现役军人（凭军人证）20元。
　　在长城山庄吃、住可享受景区门票七折优惠
☎ 咨询电话：010-61626022 / 010-61626505

◆ 最天然可口的饭菜

　　本村最具特色的当属铁锅鱼和板栗宴。

　　铁锅鱼：有铁锅炖虹鳟鱼、鲤鱼、草鱼等多种，与此同时，配有贴饼子、粘卷子等当地特色小吃，同时备有4凉菜+4热菜，菜原料的选取以栗树蘑、板栗等当地特色农产品为准。

　　栗子宴：主要包括栗子焖肉、栗树蘑炒肉、板栗炖柴鸡、栗子面窝窝头多种特色佳肴。

1. 北京阿坤京郊人家农家院旅店
　¥ 人均消费：50元
　联系人：王富坤
　联系电话：13911520562

2. 北京栗香溪谷农家院餐厅
　¥ 人均消费：60元
　联系人：刘博鑫
　联系电话：13911004933

3. 北京刘金英农家院旅店
　¥ 人均消费：50元
　联系人：王富军
　联系电话：13716730427

4. 山豆根垂钓园
　¥ 人均消费：60元
　联系人：王永东
　联系电话：13701205978

5. 北京黄孟兰民俗旅店
　¥ 人均消费：40元
　联系人：黄孟兰
　联系电话：61621718

6. 北京倚山居农家院旅店
　¥ 人均消费：40元
　联系人：宋淑荣
　联系电话：61621261

◆ 最乡土的特产

1. 栗树蘑　采摘季节：5—9月　价格：20—25元/斤

2. 板栗　采摘季节：8—9月　价格：8—15元/斤

3. 大枣　采摘季节：8—9月　价格：6—12元/斤

◆ 最舒适的住宿

1. 北京阿坤京郊人家农家院旅店
　¥ 人均消费：50元
　联系人：王富坤
　联系电话：13911520562

2. 北京栗香溪谷农家院餐厅
　¥ 人均消费：90元
　联系人：刘博鑫
　联系电话：13911004933

3. 山豆根垂钓园
　¥ 人均消费：50—70元
　联系人：王永东
　联系电话：13701205978

4. 北京黄孟兰民俗旅店
　¥ 人均消费：20—50元
　联系人：黄孟兰
　联系电话：61621718

◆ 最便捷的行程

🚌 公交：在东直门坐916公交车在怀柔北大街下车，改乘相应的公交车到村子。

🚐 自驾：在市区上京城高速，在宽沟路口下，经北宅到慕田峪方向主道，至栗花沟路口进（或在怀柔
出口下高速，往北走进怀柔县城，顺青春路往北走，在青春路环岛往西北行12公里
到栗花沟入口），下主道西行2公里即到。

◆ 最动人的故事

六渡河的名字来源于怀沙河，其中 "渡" 字
并非取自渡口之 "渡"，而是作为动词，即是第
六次渡过怀沙河，后渐渐演变为六渡河村。

1983年，集体经济解体后，六渡河栗树、园田
承包到户。六渡河改革从经济扩展到社会生活的各
个领域。逐渐形成了板栗种植业和民俗旅游业两大
支柱产业，先后被评为 "京郊板栗第一村" 和北京
市级 "民俗接待村"。

◆ 最经典的线路

一日游：上午乘车去慕田峪长城或圣泉寺；中午
来六渡河市级民俗村，品尝正宗的铁锅鱼或者栗子
宴；下午可以在本村休闲娱乐场所钓鱼，开展娱乐
活动；晚上在露天营地烧烤，并有本村花会表演，
晚上住正宗的农家院，睡正宗的农家炕。

◆ 最美微评

栗花沟是北京著名的产栗子的地方，这里的
山层峦叠嶂，满眼绿色，加上环山的河水，风景
优美，是个避暑的好地方。开车来也很方便，路
都很好走。

Tiramisu0317

温馨提示

本村植被覆盖率高，加之水源充
足，夏天晚上非常凉爽，在此提醒游客
朋友们记得带上外套，以免晚上受凉。

北京美丽乡村休闲攻略

民主和谐乡风新

北沟村
（怀柔区渤海镇）

最美点"睛"

　　到北沟村，第一眼就被这里各种肤色、穿着休闲的老外吸引住了。紧接着，就是村里打眼的传统文化墙。"二十四孝"、"三字经"、"弟子规"等，传统文化与西方文明在这里碰撞，让初到此处的我，充满了好奇。

　　村子不大，但异常干净，像经过一场雨水的洗礼。村民们都面带微笑，一团和气，让人倍感亲切。村中有一北旮旯乡情驿站餐饮有限公司，据说归集体所有，不仅解决了前来游玩的游客对当地美味的需求，还解决了当地一部分就业问题。

　　作为慕田峪长城脚下的长城国际文化村下辖的行政村之一，"住在北沟村"是其中的口号，这个被村民们亲切地称之为"北旮旯"的地方，除了拥有传统的民俗民宅，还引来了"洋凤凰"——北沟村的最大特色，居然是一对美籍夫妇在一个废弃的破败不堪的瓦厂上改造而成的洋溢着艺术气息的乡间小酒店——瓦厂，到目前，已经有13户外国友人在此生活、经商，他们盖的房子，既绿色环保、又独具匠心，游客可以亲生体验异国风情，感受国际文化。

●●● 最佳攻略

◆ **最美的季节**

每个季节都各有特色。春季赏花，夏季避暑，秋季落叶缤纷，冬季白雪皑皑。

◆ **最好看的风景**

长城、瓦厂小庐面等、外国人改造的房子。

北京美丽乡村休闲攻略

◆ **最天然可口的饭菜**

　　北旮旯乡情驿站餐饮有限公司

　　特色：虹鳟鱼、栗树蘑、烤鱼等

¥ 人均消费：50元

◆ **最乡土的特产**

　　核桃、板栗、柴鸡蛋。

◆ **最舒适的住宿**

　　东坡根农家院

　联系人：曹文秀

☎ 联系电话：13716556160

¥ 吃：30-40元

　　住：带独立卫生间的120元/天

　　悦桐农家院

　联系人：曹海滨

☎ 联系电话：13716456142

¥ 吃：30-40元

　　住：带独立卫生间的120元/天

227

北京美丽乡村休闲攻略

如诗如画外景地 双文铺村
（怀柔区琉璃庙镇）

最美点"睛"

明末清初八宝堂

电影《让子弹飞》的开篇：九匹白色骏马拉着一辆喷云吐雾的红色小火车驰骋在崇山峻岭之间。子弹飞过的一刹那，人们记住了姜文的一句名言：让子弹飞一会吧！同样让观众过目不忘的还有子弹飞过的那一抹绿，这片座落在怀柔双文铺村的青山绿水，青得惹眼，绿得浓烈。

若说双文铺最值得一看的，还是这莲花般清静的八宝堂。这个古韵十足的村名有着非常禅意的来历。八宝是现在佛家常用以象征吉祥的八件法器，即法螺、法轮、宝伞、白盖、莲花、宝瓶、金鱼、盘长。"八宝"虽在战乱年代杳无音讯，但这个在清初成村的八宝堂，村民们却始终惦记在心。看看这新建的八宝堂，青砖灰瓦朴素干净，呈扇形错落于山脚，家家外墙镶着八宝的浮雕，怡心居、清心堂、美食堂、和善堂，一个个院名自然而不落俗套，彰显佛文化的平和心境。

八宝堂正致力于打造"八宝养生谷"，其特色是八大碗，八大碗凉菜、八大碗热菜，给游客最丰富营养的搭配。饱餐完毕，体验以登山探险为主要活动方式的八宝探险游，在颠连云天、苍松翠柏间感受清凉刺激的京北第一漂，在在水天一色的有着"小都江堰"之称的琉璃河与白河交汇处，悠然地钓起一汪碧水，漫山遍野都满载着心情愉悦。

 **最佳攻略**

◆ **最吸引人的活动**

　　1. 一年一度的全国汽车场地越野锦标赛在这里举办，时间一般设在在6月中旬，为期3天。

　　2. 这里三面环水背靠山，不仅可以登山体验八宝探险，乘船游白河湾风光、进行野鱼垂钓、蔬果采摘等休闲娱乐项目，同时，享受到特色美食八宝养生餐。是休闲养生胜地的最佳选择。

◆ **最好看的风景**

　　京北第一漂

　　漂流是目前北京地区唯一的天然河漂流项目，与南方大多漂流不同的是，一船只乘两人，游人自己驾驶，自己主宰自己，同时，这也是电影《让子弹飞》的拍摄地。

　　琉璃河美景

　　50万平方米清澈如镜的水面上，三三两两的鸭子悠然自得地游着，留下道道波迹，走在河岸上，偶然间会有个八凉亭等景观小品闯入你的眼帘，如同山林灌丛中独放的百合花，让人顿生清新自然的感觉，就连最普通常见的搭石桥也格外讨人喜欢。

　　"小都江堰"

　　在我国四川岷江内外两江的汇合处有个著名的旅游景区叫都江堰，在琉璃庙镇的白河湾也有一处地理特点与之极其相似的地方，是琉璃河与白河的交汇处，于是人们给它起了个名字叫"小都江堰"。这里视野开阔，水天一色，一座用木板和绳索搭起来的浮桥横跨两岸，如月牙般挂在宽阔的水面之上。

　　注：这里所有的景点不收任何门票。

◆ **最天然可口的饭菜和最舒适的住宿**

　　全村共有75户可以提供食宿。
　　特色：八宝餐

1. 北京张凤连农家院餐厅	2. 北京徐春明民俗餐厅
联系人：王凤森	联系人：徐春明
联系电话：13716920898	联系电话：13911697019

3. 北京徐春国民俗餐厅

🐦 联系人：郭福华

☎ 联系电话：15611068229

4. 北京赵玉华农家院旅店

🐦 联系人：赵玉华

☎ 联系电话：13651278551

5. 北京刘高飞民俗餐厅

🐦 联系人：宿晓勇

☎ 联系电话：13911623917

6. 北京徐军虎民俗餐厅

🐦 联系人：宋利红

☎ 联系电话：15811353429

💴 吃饭人均：120元

💴 住宿人均：40元

◆ 最乡土的特产

1. 板栗

🍊 采摘季节：夏末秋初

💴 价格：8元/斤

2. 大枣

🍊 采摘季节：夏末秋初

💴 价格：5元/斤

3. 杏

🍊 采摘季节：6月底

💴 价格：5元/斤

◆ 最便捷的行程

🚌 公交：乘坐916路京承快车至怀柔区车站，换乘936支（怀柔–汤河口）至前安岭村，东行2公里即到。

🚌 自驾：由北京出发——京承高速路——怀柔，沿111国道直达琉璃庙（2小时）。

◆ 最动人的故事

双文铺村在清初成村，最初称为"双窝铺"。据传在300年前，从山东迁来的人途经此处，看到周围都是树林，环境优美，气候宜人，便决定在此居住，于是他们在东沟门处搭建两个小窝棚，定居于此。后因村民觉得"双窝铺"名字不好听，便在1948年将本村名字改为"双文铺"，沿用至今。

双文铺村下辖双文铺、八宝堂两个自然村，多数为汉族，少数满族，姓氏以徐、宿、王为主。其中八宝堂在清初成村，据传300年前，一云游僧路过此

チオサイ　　　　一ラクヌ

ヒオモ・　　　　キィツヨ

ナフウ、　　　　キィツン

アフニソ　　　　アフノ。

地，以佛八宝为村民祈福消灾，给当地的百姓带来了福音，造下功德。僧人去后，当地百姓为了表示对佛祖的尊崇，建造了一个祠堂以八件宝物来供奉佛祖，故名"八宝堂"，村亦由此而名，曾名"叭普堂"。这八件宝物就是现在佛家常用以象征吉祥的八件法器，即法螺、法轮、宝伞、白盖、莲花、宝瓶、金鱼、盘长。因为这八件宝物给当地百姓带来了平安吉祥，所以每年都会有很多人到这里来烧香祭拜，以求得到佛祖的保佑。后来由于战乱，八件宝物被当地一人藏于村南的深山之中，此人为逃避战乱离开八宝堂后杳无音讯，八宝至此下落不明。

◆ 最经典的线路

两日游：

第一天：上午十点左右到达目的地双文铺村——中午：极具特色的八宝养生餐——下午：畅游白河湾，穿梭于各个景点——晚上：夜色的柔美和静谧中来个篝火晚会。

第二天：上午：采摘园尽情地品尝绿色无污染原汁原味的各类果子山上拾捡野生鸡蛋鸭蛋等——午饭后，您的白河湾双文铺两日游就暂时告一段落。

◆ 最美微评

大众点评网：

26号徐老板家的炸油饼，绝对不是回锅的油。老板说他家的回头客基本都是奔着炸油饼来的。

小森儿

"美味招来云中客 清香引出洞中仙"看到八宝堂内78号院的这对牌匾，仿佛就可以让人食欲大振。来到这里，您可以品尝地道的农家宴，具有传统特色的"二八席"。红白条子、红白剪子、三掉锅、鲜嫩美味的鲶鱼、香喷喷的贴饼子、农家特色粥等特色美食都令人回味无穷，为了满足游客不同口味和喜好，今年还专门推出了特色"土家菜"、迷你"二八席"让您品尝到在其他农家院吃不到的正宗"原生态"农家味。

点亮人生梦

北京 美丽乡村休闲攻略
平谷区

北京最美的乡村
The Most Beautiful Village In Beijing

- 旧金山下别墅群——将军关村

- 绿色循环康庄路——挂甲峪村

- 翠山环抱新居美——玻璃台村

- 山水人家作画廊——雕窝村

- 静山净水敬客来——老泉口村

- 桃花浪里"桃花源"——张家台村

- 巧手匠心迎客来——黄草洼村

平 谷 区

美丽
乡村
张家台村

美丽
乡村
玻璃台村

美丽
乡村
老泉口村

美丽
乡村
将军关村

美丽
乡村
雕窝村

美丽
乡村
挂甲峪村

美丽
乡村
黄草洼村

平谷区

2006年北京最美的乡村

2007年北京最美的乡村

2008年北京最美的乡村

2009年北京最美的乡村

2010年北京最美的乡村

2011年—2012年北京最美的乡村

将军关村

旧金山下别墅群

（平谷区金海湖镇）

最美点"晴"

　　将军关村，群山环绕，自然风光秀美，人文景观众多，民情民风淳朴。将军关古长城是该村最吸引游客的地方。长城现存遗址在村东段约3000多米，村西北段约1000多米，村西南段约700多米，另有数处烽火台遗址。将军关古长城是万里长城北京段东端第一关，同河北的山海关、天津的黄崖关相连，可称天下第三关。将军关古长城以其气势雄伟、地处险要、历史悠久著称于世。将军关村多面环山，村集体修建了300多米登山健体路、四个观景亭——即现在的"登山健体郊野公园"，以满足爬山爱好者的爬登需求。该村也正在投资建设人工湖，以满足游客垂钓、休闲等多方面的需求。

　　将军关村现有居民722户，人口1806人。大部分的居民已经搬进了二层别墅群，古韵古香的旧村老宅与时尚朝气的新村已经互相交融，在这里可以看到历史沧桑留下的痕迹，也可以感受到现代化新居带给村民的便利与幸福。2007年将军关村评为"北京最美的乡村"。

●●● 最佳攻略

◆ **最吸引人的活动**

登古长城遗址

长城虽然年代久远，但是险要程度依然不减当年。陡峭的砌石道路，美丽的高山风光，站在城楼残址上眺望，无限风光让人流连忘返。在古长城上看日落也是将军关一奇。站在长城遗址上，看火红太阳一点点落下，那种历史沧桑感油然而生。

⏱ 时间：四季皆宜

吃住玩在农家院

七八月的夏天，城市里到处都是闷热、汽车的嘈杂声。来到将军关村即可以享受到远离城市的宁静与惬意。将军关村有60多户办起了农家院，游客们每人次50元就可以住进农家院，吃的是农家特色菜，住的是农家时尚小别墅。

⏱ 时间：7月—8月

◆ **最美的季节**

春天，可以看万物复苏，桃花挂满枝头；夏天，可以来将军关村避暑垂钓；秋天，可以采摘仙桃、核桃、栗子等，感受丰收的喜悦；冬天，可以看雪景，享受冬天的静谧。

◆ **最好看的风景**

古长城遗址

长城现存遗址在村东段约3000多米，村西北段约1000多米，村西南段约700多米，另有数处烽火台遗址。将军关古长城是万里长城北京段东端第一关，同河北的山海关、天津的黄崖关相连，可称天下第三关。将军关古长城以其气势雄伟、地处险要、历史悠久著称于世。

¥ 门票免费

☎ 咨询电话：010-60986546

🏠 地址：从将军关旧村村委会往北走5分钟即到

金山（采金洞）矿洞遗址

西面的金山为将军关村域内的最高峰，主峰海拔910米。为响应政府的号召，2004年金山已关闭，为了给游客展现采金过程，现在金山也已经成为采金矿洞遗址，供游客了解采金的过程，体验采金的艰辛。

¥ 门票：免费
☎ 咨询电话：010-60986546

◆ 最天然可口的饭菜

全村共有722户，60多户可以提供美味的饭菜。农家院里边也有各色地道的农家菜肴，满足顾客各色需求。特色菜有"将军栗子宴"，将军栗子宴有十余道佳肴，配以各类荤素用料，精心烹制，色香味俱佳；"将军关灌肠"，其味道独特、香味扑鼻，尝一口鲜嫩无比，美不可言。

1. 日日兴农家院

ℹ 推荐理由：将军灌肠、铁锅炖鱼、香酥栗子鸡、白玉米面菜团子、贴饼子、炒金豆、碧波珍珠、黄金蛋卷、珍珠野菜圈
¥ 价　格：150元/人（两正餐+一早餐、住宿）
☺ 联系人：刘怀明
☎ 电　话：13911070788 / 60986498

2. 宗亮农家院

ℹ 推荐理由：香椿芽、野菜、炸鸡蛋
¥ 价　格：150元/人（两正餐+一早餐、住宿）
☺ 联系人：朱淑环
☎ 电　话：60986294

◆ 最乡土的特产

将军关村多面环山，山上果树成群，盛产桃子、樱桃、栗子、柿子、大枣等。将军关村的樱桃采摘园，种植面积540亩，分为早、中、晚三个品种，采摘可从5月中下旬一直延续到6月底。

1. 将军关村股份经济合作社（樱桃采摘）

☺ 联系人：邢子善　☎ 电话：15010019881

2. 春国农家院（核桃、栗子、红果、柿子采摘）

☺ 联系人：王秀娟　☎ 电话：60986362

3. 彩云农家院（核桃、栗子、红果、柿子采摘）

☺ 联系人：朱彩云　☎ 电话：13522309996 / 60986718

◆ 最舒适的住宿

全村共有60多户可以提供舒适的住宿。

珍新小院

- 💴 价　格：150元/人（两正餐＋一早餐、住宿）
- 🏠 联系人：高海燕
- ☎ 电　话：13716478599 / 60986295

鸿运来农家院

- 💴 价　格：150元/人（两正餐＋一早餐、住宿）
- 🏠 联系人：朱凤芝
- ☎ 电　话：13552975683 / 60986580

◆ 最便捷的行程

- 🚌 公交：1. 从东直门乘918路、852路公共汽车到平谷汽车站，换乘29路到将军关村。
  　　　　2. 从东直门乘918路、852路到平谷站，换乘陡子峪方向的中巴到将军关村。
- 🚗 自驾：驾车从京平高速路——夏各庄路口南太务收费站右转，然后按导向牌指示即可到达。
  　　　　2. 驾车从京顺路——枯柳树环岛右转——平顺快速路——穿过平谷县城往东——金海湖下停
  　　　　车检查站左传，然后按照导向牌指示即可到达。

◆ 最动人的故事

将军关的由来

明长城关隘始建于明永乐二年（1404
年），属蓟州总兵备道管辖。近长城处有高10
余米巨石，明初有位将军登此石布兵督战，打退
敌人进攻，故称"将军石"，关即取名"将军
关"，后演今称。民国三十三年《蓟县志》载：
"将军石在将军关村北之阳，石高三丈六尺，兀
然矗立，形基状伟，上刻'将军石'三大字，为
明成化参将王杞书，关遂亦以此石之名名之。"

◆ 最经典的线路

停车场——牌楼（预建）——樱桃园（农民新村的东面）——将军关长城——人工
湖——龙门峡——金山（采金洞）——西山采摘区——将军栗子宴

绿色循环康庄路

挂甲峪村
（平谷区大华山镇）

 ## 最美点"睛"

　　挂甲峪村是一个环境优美、人文历史丰富的北京最美乡村。它的美丽不单是因为环境的优美，更是因为它有众多的旅游景点、出色的民俗旅游接待、完善的吃住条件以及浓郁的人文气息。挂甲峪是旅游休闲度假的好去处，是健肾、养肺、养生的好地方！

　　挂甲峪山庄是挂甲峪村最吸引游客的地方，山庄里边有十二生肖潭、盘天谷、长寿山等30余处景点。村集体还修建了六郎景区、老君山景区、旋转餐厅、民俗大餐厅、观景台、露天剧场、生态小木屋、农家小火炕等旅游基础设施，龙王庙、卧佛和观音像等人文景点，形成了集餐饮、住宿、娱乐、休闲、观光为一体的旅游度假村。

　　挂甲峪村三面环山，海拔624米，全村现有人口146户，460人。挂甲峪村通过新农村建设开始民俗旅游产业的发展。2007年被评为"北京市民俗旅游专业村"；2001年—2008年，连续8年被评为"首都文明村"；2007年被选为"北京最美的乡村"；2011年8月被评为"全国最有魅力的乡村"；2012年6月，获得北京市建委颁发的"北京环境优美乡村"。挂甲峪村备受领导关怀，胡锦涛、江泽民、刘淇、王岐山、贾庆林等国家领导人曾多次来挂甲峪村视察。

●●● 最佳攻略

◆ 最吸引人的活动

观光挂甲峪山庄

挂甲峪山庄林木葱郁、风光秀美，冬暖夏凉，气候宜人，是平谷区桃花观光走廊上的最亮点。挂甲峪山庄不但有十二生肖潭、盘天谷、长寿山等30余处景点，而且四季景色分明。春天，可观赏灿若烟霞的桃花，沉浸在桃花的海洋里放松身心；夏天，能欣赏"五瀑、十潭、两湖"的自然美景，徜徉于湖光山色之中；秋天，千亩生态园的有机果品可以尽情的采摘；冬天，传统农家过大年给您增添一份节日的欢乐。来这里还可以体验采摘、垂钓、烧烤等旅游休闲项目。

挂甲峪的桃花节

挂甲峪的桃花节声名在外。暮春时节，上得山去，置身桃林，偶有清风拂过，片片桃花零落成雨，逐水而流。有道是"桃花浅深处，似君深浅妆"，玉箫传情、红叶缄愁，不失为才子佳人幽会之所。

◆ 最美的季节

这里，春天，可赏灿若烟霞的桃花；夏天，可游"五瀑、十潭"、长寿山、老君山、六郎挂甲等30余处景观；秋天，可观果实累累的万亩生态果园；冬天，可览白雪皑皑的满山银装。

◆ 最好看的风景

挂甲峪村最好看的风景莫过于夏天来登高望远、避暑休闲。登上长寿山、观景台等，俯瞰整个挂甲峪村错落有致的居民别墅，郁郁葱葱的果树和山林环绕着你，凉爽清风迎面吹来，大好风光尽在眼前。

🉐 **山庄门票价格**：通票30元（老人证或学生证半价，团购优惠）

☎ **电话**：010-60978258 / 010-61946838

◆ 最天然可口的饭菜

挂甲峪山庄是可以提供住宿与美食最好的选择。山庄的"旋转餐厅"包含了各种农家特色菜，您可以在这里找到您想吃的农家饭。当然除了山庄，挂甲峪村有很多风格特色的农家院，可以为游客提供各种各样的农家饭。美食有挂甲峪小锅饽饽、功夫鱼、烤全羊、山野菜等。

1. 挂甲峪山庄

 推荐理由："旋转餐厅"包含了各种农家特色菜，服务周到

☎ 电话：010-61947321

2. 俊利农家院

🍀 联系人：芦利利

☎ 电话：010-60978228

◆ 最乡土的特产

挂甲峪村既有美丽景色可供欣赏，又有上乘佳果可供采摘。大桃、柿子、梨、核桃、栗子、杏、樱桃、草莓、山楂等果品，尤其是挂甲峪的大桃，以香甜汁多著称，有"平谷大桃村"之称。果品总产量达到150万公斤。

挂甲峪村还有自己的蔬菜大棚。村民可以在这里买到自家院里没有的蔬菜，游客也可以到这里来采摘，第一时间获得最新鲜的蔬菜。拿回家做一盘美味的炒菜，想必别有一番风味吧！

☎ 采摘电话：010-61946308

◆ 最舒适的住宿

本村共有民俗接待户52户，农户、集体别墅和生态木屋同时能接待1500人住宿，2000人用餐。

1. 天甲旅游公司接待别墅

¥ 人均消费：200元/天（三餐一宿、标间）

2. 生态木屋

¥ 人均消费：170—200元/天（三餐一宿、标间）

☎ 联系方式：住宿：61947319
　　　　　订餐：61947321

◆ **最便捷的行程**

🚌 公交：北京东直门乘918或852路，平谷畅观楼下车，转乘35路直通挂甲峪村。

🚍 自驾：1. 京平高速至密三路出口下，行至官庄道口继续直行20公里即到。

　　　　2. 北京市京顺路——顺平路——至官庄道口左转行车20公里即到。

◆ **最动人的故事**

六郎挂甲处

古老相传，北宋景德年间，大将杨延昭率众将士杀得那犯境辽兵心惊胆战，溃不成军。六郎乘胜追击至簸箕崖（今挂甲峪村口），并将俘虏押至对面山沟。进的山坳，环视四周，这三面环山、一面出口的地势，确实是个屯兵养息的好处所，六郎遂翻身下马，卸下盔甲挂在树上，挂甲峪村就此得名。

◆ **最经典的线路**

一日游

挂甲峪山庄，包括挂甲峪村史展、有机果蔬园、农耕文化科普园、有机樱桃观光采摘园、挂甲峪龙王庙、奇石馆、百年石屋、小山村、大世界、神秘沙窝、佛山园、攀天谷、火山瀑布、长寿山、桃醉谷、十洞探宝龙凤阁。

翠山环抱新居美

玻璃台村
（平谷区镇罗营镇）

 最美点"睛"

　　爬明代古长城、东指壶峰（平谷第一高峰），看一线天、迎客松，吃"四平八稳玻璃宴"，感受农村淳朴气息、享受农家乐、体验农家情、尽情享受绿色风景。没错，这就是玻璃台村。

　　玻璃台村的旅游资源十分丰富，四面环山，境内山峦起伏、溪流交错、森林茂盛、景色秀丽，别墅式特色民居与葱郁的山峰构成了一幅美丽的山水画。满目的青翠，俏丽的山峰，入境的平湖，潺潺的流水，是你暂离都市喧嚣、修身养性的旅程驿站；逶迤跌宕的长城，惟妙惟肖的骆驼峰，是你返璞归真、追忆儿时梦幻的天堂；天造地设的夫妻峰，鬼斧神工的一线天，秀美传神的迎客松，让你尽情品味大自然的美丽与神奇。而且玻璃台村也不乏人文情怀，山中景点已修缮了山间道路及长廊、休闲亭，不但给游客以方便安全，还给游客以身心疲惫之休息调整之处，且景点在农家周围，只需步行就可以领略山间美景。玻璃台村是北京市首批社会主义新农村建设的示范村之一，是平谷区的旅游示范村，也是北京最美的乡村。

◆ 最吸引人的活动

夏季避暑休闲

玻璃台村植被覆盖率为90％，森林覆盖率为80％。由于特有的地理环境，这里的年平均气温较平谷城区低4-5度，较北京市区低5-6度，是纳凉夏季避暑的好去处。这里自然生态极为丰富，各种果树、松柏树、天然次生林以及奇花异草满山遍野，可以说是个"天然绿色大氧吧"。宜人的气候、迤逦的风光使玻璃台有着广阔的旅游发展前景，特别是炎热的夏季这里的气温比城区要低5—7度，非常适合夏季避暑休闲。登山采摘，住农家院、吃农家饭，垂钓、娱乐、休闲一应俱全。

⏰ 时间：夏、秋

◆ 最美的季节

春季踏青赏花：万物复苏、春暖花开，满山的果树开满美丽的花，仿佛来到了人间仙境。

夏季避暑：玻璃台村是消夏避暑的好地方。

秋季采摘：各种丰润的水果挂满枝头，满山遍野，硕果累累，游客可以尽情采摘最喜欢的果实。

冬季赏雪休闲：白雪皑皑，大山深处几屡炊烟在空中萦绕，成群的鸟儿在房前屋后唧唧喳喳的叫个不停，是您离开喧嚣的都市、尽情放松休闲的好地方。

◆ 最好看的风景

东指壶

东指壶海拔1234米，是平谷境内第一高峰。登顶东指壶，可以体会"一览众山小"的意境。"千山万壑入眼来，四季如画风入怀"，这梦中的多彩世界，次第构成的高山植被，"一山有三季，十里不同天"的气候景观，以及那种"一脚踏三界(平谷、密云、兴隆)，闭眼闻鸡鸣"的感觉，定会让您心旷神怡，在美景中陶醉，有些飘然若仙了。

一线天

位于村西南的"一线天"虽然山不算高，但却称得上是"鬼斧神工"、雄奇壮观了。中间一道齐刷刷的石缝，仰头望去，两侧石壁峭立，宛若刀劈斧砍一般，只能望见头顶上的

"一线天"了，不得不令人惊叹。据说明朝年间，洪武帝朱元璋到边关视察督建长城，来这里后遇高山阻隔，不能前行。他一气之下拔出宝剑猛劈下去，只听"咔嚓"一声，山崩地裂，此山被宝剑一劈两半，朱元璋才得以从石缝中穿过。这就形成了令人拍手叫绝的鬼斧神工一线天。峭壁倒立，仅容单人侧身而过，还有何处一线天比此处的一线天更加名副其实？

天子谷

从一线天再往里走去，就是天子谷。这条山谷奇峰异石、山清水秀，十分清幽。谷中因有天子山和拜天台，故名"天子谷"。这谷内山岩千姿百态，造型各异，有的像飞禽走兽，有的似宝塔巨柱，有的如神仙活佛；不仅有活灵活现的龙凤石，还有巧夺天工的神仙洞，任你凭空去想象。当你沿山路登上天子谷观景台，面对这奇峰林立的秀丽景色时，也会有种仿佛置身于湖南张家界的幻觉。

☏询电话：010-60978070

◆ 最天然可口的饭菜

全村共有68户，有50多户可以提供美味的饭菜。每家农家院基本上都可以提供"四平八稳玻璃宴"（四个盆菜、八个盘菜组成）、玻璃叶豆腐等当地名菜。而且还有烧烤，特别是烤全羊，还有特色的驴肉全席、炖大棒骨、兔肉丸子等，当然不乏农家饭菜。

1. 玻璃台9号山庄
🛈 推荐理由：饭菜干净、卫生、齐全，可提供各种农家菜
¥ 价　格：220元（三餐+住一宿）
👤 联系人：乔华斌
☎ 电　话：13911125296

2. 玻璃台73号
🛈 推荐理由：实惠、信誉好
¥ 价　格：150元（三餐+住一宿）
👤 联系人：陶广飞
☎ 电　话：13910281922

◆ 最乡土的特产

玻璃台村盛产大桃、红霄梨、小雪花梨、板栗、核桃、红果等，且品质精良，其中尤以红肖梨为主。

◆ **最舒适的住宿**

共有67户可以提供舒适的住宿。

1. 玻璃台9号山庄

ⓘ 推荐理由：干净、豪华，设施齐全

¥ 价格：110元/人/天　　　👤 联系人：乔华斌

☎ 电话：13911125296

2. 玻璃台73号

ⓘ 推荐理由：干净、卫生　　　　¥ 价格：70元/人/天

👤 联系人：陶广飞　　　　☎ 电话：13910281922

◆ **最便捷的行程**

🚌 公交：1. 北京东直门乘918——平谷官庄道口——34路小公共——玻璃台村。
　　　　2. 北京东直门乘918——平谷畅官楼——22路小公共——34路小公共——玻璃台村。
　　　　3. 北京东直门乘852——平谷汽车站——34路小公共——玻璃台村。

注：34路车在小公共汽车总站和玻璃台村发车时间是一样的，上午：7:30、9:40；下午：13:30、16:00

🚐 自驾：1. 机场高速——京平高速——平三路出口——官庄道口——峪口——华山——镇罗营——按路标到玻璃台村。
　　　　2. 机场高速——京平高速——东高村出口——平谷城区——熊尔寨——镇罗营——按路标到玻璃台村。
　　　　3. 机场高速——机场北线——顺义——官庄道口——峪口华山——镇罗营——按路标到玻璃台村。
　　　　4. 京承高速——后沙峪出口——枯柳树环岛——顺平公路——顺义——官庄道口——峪口华山——镇罗营——按路标到玻璃台村。

◆ **最动人的故事**

著名诗人季然《游玻璃台风景区》："纵穿剑开一线天，别有洞天神龙潭。登观千年迎客松，又饮御封不干泉。仰望明代古长城，东方玉龙舞山巅。携侣同游天子谷，奇峰翠岩花满山。牛头山麓惊回首，翡翠湖上荡游船。更喜登上南天门，如此多娇好江山。"

玻璃台村名由来：由于这个村历史上建在长城脚下的一大块平缓台地上，台地的四周又生长有许多高大粗壮的玻璃树，而村南山中又产有冶炼玻璃用的石英矿，所以取名"玻璃台"。

◆ **最经典的线路**

玻璃台村——一线天——明长城遗址——东指壶峰——玻璃宴

雕窝村

（平谷区黄松峪乡）

山水人家作画廊

 最美点"睛"

　　雕窝村位于黄松峪乡的东北部，三面环山，一面依水，紧邻湖洞水、石林峡两个景区，环境优美，景色宜人。清代成村，相传该村附近的山洞里住过雕，故而称为雕窝。全村呈带列状分布，雕窝村地处两山峡谷之中。美丽的山水风景围绕着雕窝村，雕窝村也因为美丽的山水风景以及特色的民俗接待吸引着大批游客前来休闲度假。

　　京东石林峡是雕窝村的主要旅游景点，总面积12平方公里。因峡谷内峰根挺拔峭立，宛若片片石林而得名。景区2006年对游人开放，通过ISO9001、ISO14000国际双体系双认证和国家AAAA景区评审。石林峡谷内风景秀丽奇伟，以"六大景"被人们广为称道：一是谷内山峰峭拔，有诗赞曰："早知石林生南国，至此方知读书浅。"二是"九天飞瀑"，为四级瀑布，气势宏伟，其声响彻谷内；三是立崖悬柏，树干于崖壁上斜出，树根附于崖壁中；四是巨石遍布；五是险峡，最窄处只有6—7米，犹如天开一线；六是灵潭，谷中潭水十多处，如一串串珍珠项链，为峡谷添加秀色。

　　目前，全村共有58户，旅游户发展到如今已有53户，占总户数的96%。年人均纯收入达1.8万元。雕窝村生产的核桃、栗子、红果、柿子、野生猕猴桃、枸椒子等优质农产品，深受广大游客喜爱。风景如画，深深浅浅的绿树覆盖着层层叠叠的页岩，巨石、奇石遍布峡谷，有"北方巨石第一园"之美誉。利用得天独厚的自然条件和独特的人文环境，雕窝村将田园文化和现代文化结合在一起，倾力打造"京东艺术谷"。黄松峪水库那一汪碧绿的净水倒影着雾气缭绕的群山，更是的山村添了几分仙气。雕窝村文化氛围浓厚、有著名作家王蒙、画家陈克永等在此定居、创作。

 **最佳攻略**

◆ 最吸引人的活动

农家院接待

村路两边，都是接待游客的各具特色的农家院，有的在菜园边摆上八仙桌、支起大柴锅，尽显返璞归真的农家风情；有的装上五彩玻璃，扮成酒吧、西餐厅的别样风格。傍晚时分，农家院飘出烤肉香，热闹非凡，因而被成为大山里的"三里屯"、"后海"。烤羊腿是雕窝村的特色美食，成为旅客来旅游的必点之菜。淳朴的农户会给游客烹饪传统的农家菜，而且还有当地的野菜。农家院里有干净卫生的住宿环境，电视、网络、空调等一应俱全。感受农家院的风采一定要来雕窝村。

⏱ 时间：夏、秋季节

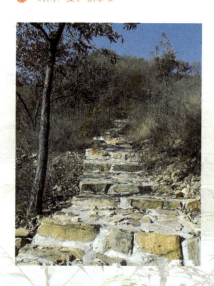

◆ 最美的季节

春季踏青、赏花：雕窝村多面环山，每到春天，各种果树鲜花争艳，不知名的野花也加入当中。嫩绿的枝牙、五颜六色的花、满山的春景衬托着雕窝村美丽的明天。

夏季避暑、垂钓：雕窝村特有的地理环境使得成为避暑休闲的最好去处；黄松峪水库面积大、鱼儿多，可以免费垂钓，吸引众多爱好垂钓的朋友前来垂钓。

秋季登高：高山环绕，金黄的丰收季节，游客可以登高望远。

冬季赏雪：冬天的雕窝也是很漂亮的，银装素裹，可以赏雪景。

◆ 最好看的风景

京东石林峡

石林峡风景区是4A级旅游景点，总面积12万平方公里，以石、峡、水、峰、林构成独特的五大景观。这里的石林高峻陡峭、片片根根直立，九瀑十八潭点缀其中，如一幅惟妙惟肖的天然画卷，颇具北方的壮美气势，又显江南的秀丽多姿。娱乐项目包括登顶三绝、九天飞瀑、峡谷天梯、水上漂流、碰碰车、豪华旋马等。

¥ 门票：78元/人（老年证、学生证可打半折，团购优惠）
☎ 咨询电话：010-60987658
🏠 地址：雕窝村西南角

北京美丽乡村休闲攻略

◆ **最天然可口的饭菜**

全村共有58户居民，有50多户可以提供美味的饭菜。

1. 永亮家园（山坡果林中的特色食宿），持本书提前一天预订，全单可享受9折优惠。

联系人：邢凤栓、崔淑芳

电　话：60957673 / 139102260731

2. 秀水家园

推荐理由：待人热情、洁净好吃、价廉物美。

特色菜：羊腿、巧手点豆花、黄金豆腐丸子、脆炸油饼、糖醋脆皮茄子

价　格：150元/人（三餐＋一宿）

联系人：何秀华　　电话：010-60987620

3. 老五农家院

推荐理由：口碑好、干净、整洁、卫生、价格实惠。

特色菜：烧茄子、烤全羊（曾获平谷美食第一名）、多层饼、野花椒大饼、肉饼；野菜类包括茉莉芽、花椒芽、石花芽、木莉芽、野蘑菇、荠菜；烧烤类包括烤全羊、烤虹鳟鱼、烤鸡、烤串；主食类包括贴饼子、野菜盒子、野菜团子、小锅饽饽等

价　格：平时120元（三餐＋一宿），周末、节假日150元（三餐＋一宿）

联系人：于建国　　电话：60987606

◆ **最乡土的特产**

雕窝村正在开发野生植物园，挖掘当地的野生猕猴桃、野葡萄、树莓等野生资源，打造旅游观光、采摘野生资源的旅游新模式。雕窝村果树成林，种类繁多，种植核桃、板栗、红果、柿子、枸椒子等优质农产品。村里还有根雕、石雕、麻核桃等艺术工艺。

◆ **最舒适的住宿**

共有53户可以提供舒适的住宿。

永亮家园（山坡果林中的特色食宿），持本书提前一天预订全单可享受9折优惠。

联系人：邢凤栓、崔淑芳

电　话：60957673 / 139102260731

秀水家园

价　格：150元/人/天（三餐＋一宿）

联系人：何秀华

电　话：010-60987620

老五农家院

价　格：平时120元（三餐＋一宿），周末节假日150元（三餐＋一宿）

联系人：于建国

电　话：010-60987606

◆ 最便捷的行程

🚌 公交：从东直门坐918路、852路到平谷区医院下坐25路、26路到雕窝村。

🚐 自驾：从北京京顺路——顺平路——平冀路——雕窝村。

◆ 最动人的故事

　　王蒙：由于雕窝村拥有优美的自然环境、清新的空气和纯朴的民风，吸引了一大批文化名人在此定居。在成为"十里画廊"的山川间，原文化部长、著名作家王蒙第一个在村里买了农舍，喝山泉沐山风，在雕窝村体验生活，搞创作，并作诗赞美雕窝村，诗名曰《咏雕窝》："雨过花添艳，风和鸟更新；陶然醉初夏，怅望惜三春"；"京都王府井，山谷雕窝村。"如今王蒙的农舍还保存完好，许多游客前来参观。

　　叶有良：著名画家叶有良先生第一个进村投资300万元建起了占地12亩的"北京市东方艺术馆"，还精心设计建造无界山庄。

　　浩然：我国著名作家浩然第一个为村民王水灵家题写"水灵山居"牌匾。

◆ 周边景点

　　京东大溶洞发育于中元古界长城系高于庄组白云岩地层，这种地层岩龄距今大约十五亿年。是目前我国在白云岩地层中发现的第一个大型溶洞群，因此号称"天下第一古洞"。

　　湖洞水景区：谷长有6公里，曲折幽深，非鬼斧神工难以造就，总面积900万平方米，其中水面面积6000平方米。因谷中有湖，山崖上有洞，沟谷内溪水长流而得名。

北京美丽乡村休闲攻略

静山净水敬客来　老泉口村

（平谷区熊儿寨乡）

最美点"晴"

　　顾名思义，老泉口因村里有一眼清冽甘甜的泉眼而得名。泉眼里流淌出来的泉水干净、纯洁、清凉。老泉口村四面环山，景色秀丽、民风淳朴，是休闲度假、体验民俗风情的好地方。

　　京东老泉山野公园是该村最主要的景点。园里有一眼泉水，园区是游客前来观光旅游、商务休闲、生态养生、会议娱乐的理想处所。园内规划设计了大小、主次不同的二十多个主要观赏休闲景点：擎天门、老泉池、期盼园、福寿岭、民俗艺术雕塑园、百花沟、彩叶谷、鬼缝、山崖观景、采摘谷、音乐广场、老民居、老北京民俗园、婚纱摄影基地、非物质文化遗产保护婚庆礼俗基地等，这些景点融合了老泉口村独特的民风民俗，散发着浓厚的老北京人文色彩。京东山野公园松林被誉为"京东小黄山"，山间流水誉为"小九寨"。山内还有众多野生中草药、野生菌以及野生动物等。

　　老泉口村全村220户，650口人。主导产业为大桃和旅游接待。这里风景秀丽，空气清新，山、泉、林、木，奇花异草构成了独特的自然景观。有"天然氧仙境"和"世外桃源"之称。老泉口村在2003年被评为市级民俗村，　2009年获得京郊环境建设先进村，2010年被评为"北京最美的乡村"等称号。

●●● 最佳攻略

◆ 最吸引人的活动

"吃农家饭、住农家院、睡农家炕"，品尝野菜馅饽饽、贴饼子、小鸡炖蘑菇、炸柴鸡蛋等可口的农家饭菜。游览京东老泉山野公园、老泉公园等，感受大山文化。还能享受采摘的乐趣，每年的5月—10月颗颗果实挂满枝头，大桃、黄金梨、精品杏、红果、苹果、栗子、柿子等十多种绿色食品供您尽情采摘，体验丰收的喜悦。

◆ 最美的季节

春季，花簇云海，多面环山的老泉口村每到春天满山的花朵竞相绽放，有果树花、野花等，是踏青赏花的好地方。

夏季，满目翠绿，是登山、避暑、品味农家生活的必选之地。

秋季，一片金黄，满山的果树挂满了累累硕果，贪吃的游客们可以尽情采摘自己中意的果实。

冬季，巍峨壮观，皑皑白雪铺满群山，好一幅动人美景。

◆ 最好看的风景

京东老泉山野公园

园内规划设计了大小、主次不同的20多个主要观赏休闲景点。经检测，园内负氧离子含量高达65000个/立方厘米，是城市内6—15倍，对人体的健康非常有益。丰富的旅游景点、美丽的山野风景让您忘却生活的烦恼，游客可以在大山中领略老泉口村的魅力。

- 🌼 门票：30元/人（老年证或学生证可打半价，团购优惠）
- ☎ 咨询电话：010-61961803   🏠 地址：老泉口村西山

◆ 最天然可口的饭菜

全村有特色农家院可以提供美味的饭菜。主要的特色菜有豆角粘卷子、椒盐大饼、秘制大棒骨、野菜馅饽饽、贴饼子、小鸡炖蘑菇、炸柴鸡蛋等。

德坤农家院

- ℹ 推荐理由：洁净好吃、价廉物美
- 🌼 价　格：130-140元/人（三餐+一宿）
- 📞 联系人：张德坤
- ☎ 电　话：15201024122 / 13439763852

北京美丽乡村休闲攻略

农心小院

ⓘ 推荐理由：饭菜美味、可口
¥ 价　格：110–150元/人（三餐+一宿）
👤 联系人：刘革春
☎ 电　话：61961048 / 13810574194

周莲香农家院

¥ 价　格：120–130元/人（三餐+一宿）
👤 联系人：周莲香
☎ 电　话：61961217 / 13683547050

源泉水民俗农家院

¥ 价　格：120–150元/人（三餐+一宿）
👤 联系人：刘克军
☎ 电　话：61961109 / 13681278818

◆ 最乡土的特产

黄金梨、精品杏、大桃、红果、苹果、栗子、柿子等十多种绿色食品，以及老泉杂粮、老泉手工艺品等。每家都有自己的果树，游客可以去采摘。

👤 采摘联系人：王艳霞
☎ 电话：61961334 / 13581684503

◆ 最舒适的住宿

全村共有33户可以提供舒适的住宿。

德坤农家院

ⓘ 推荐理由：住宿干净、待人热情
¥ 价　格：130–140元/人（三餐+一宿）
👤 联系人：张德坤
☎ 电　话：15201024122 / 13241522094

农心小院

ⓘ 推荐理由：住宿干净、卫生
¥ 价　格：110–150元/人（三餐+一宿）
👤 联系人：刘革春
☎ 联系电话：13810574194

源泉水民俗农家院

¥ 价　格：120–150元/人（三餐+一宿）
👤 联系人：刘克军
☎ 电　话：61961109 / 13681278818

周莲香农家院

¥ 价　格：120–130元/人（三餐+一宿）
👤 联系人：周莲香
☎ 电　话：61961217 / 13683547050

◆ 最便捷的行程

🚌 公交：从北京东直门长途汽车站，乘坐852路、918路快至世纪广场站下车转乘平谷11路到老泉口村站下车即可。

🚐 自驾：1. 东直门、三元桥→京平高速公路（夏各庄路口南太务收费站左转）——平谷城区北18公里到老泉口村。

2. 从东直门桥——三元桥——机场高速路——穿过机场1号候机楼——顺平快速路——平谷城区畅观楼——往北沿平程路18公里到老泉口村。

3. 从大北窑——京通快速路——北关环岛左转——顺义——顺平快速路——平谷城区北18公里到老泉口村。

4. 北京西、北、南——六环路 南法信出口——顺平快速路——平谷城区18公里到老泉口村。

5. 东直门、三元桥——京顺路——枯柳树环岛向右——顺平快速路——平谷城区北18公里到老泉口村。

☎ 咨询电话：010-61961334

◆ 最动人的故事

老泉口村的由来

　　老泉口村是个历史悠久的小山村，建于清朝嘉庆年间，因村中的一眼老泉而得名。相传铁拐李云游时路经此地，头枕宝葫芦小憩，谁想宝葫芦里渗出一滴琼浆玉液，顿时化为清冽甘甜的一眼泉水。此泉四季喷涌，三伏天喝一口顿觉暑气全消，三九天泉边暖湿气流扑面。

◆ 最经典的线路

　　京东老泉山野公园——老泉公园——采摘——农家院

张家台村

桃花浪里"桃花源"

（平谷区镇罗营镇）

最美点"睛"

　　张家台村位于平谷区东北部，镇域东南部。西南距平谷城区36公里，西北距镇政府驻地11公里，黄（松峪）关（上）公路从村东经过，交通方便。全村总面积4.67平方公里，共有南水峪、范家台、朱家台和史家台4个自然村，共有80户，人口240多人。2009年张家台村实施了整村的新农村改造建设，如今农民早已住进了现代化的二层小别墅。

　　张家台村地处深山峡谷中，群山环抱，并且有杨家台水库一座，水库库容260万立方；有泉眼一眼，常年有水，汇成小溪北流；有松柏人工林1000亩，自然生长的椴树、杏树林1500亩。土壤为长石质岩类淋溶褐土，地下水资源为山地基岩裂缝水弱富水区。张家台村非常美丽，一是村里有天然的山泉水；二是空气新鲜，群山环绕，有满山遍野的奇花异草。有山有水有树林使张家台村发展起了民俗旅游。如今众多游客慕名而来，这里俨然成为了一个休闲度假旅游的好去处。

　　这里自然生态极为丰富，各种果树、松柏树、天然次生林以及奇花异草满山遍野，可说是个"天然绿色大氧吧"，常到这儿来游览观光，不但可以愉悦心情，而且还有益人的身体健康。

　　张家台村通过新农村建设开始了民俗旅游产业的发展。2010年该村成功申报为北京市民俗旅游专业村，民俗旅游事业已步入正轨。如今张家台村已成为了"北京最美的乡村"。

●●● 最佳攻略

◆ 最吸引人的活动

垂钓休闲

张家台村有杨家台水库一座，水库库容260万立方；有泉眼一眼，常年有水，汇成小溪北流。水库里常年有鱼，是吸引众多游客最主要的活动。在这里垂钓都是免费的，而且水质好、鱼的种类多，而且高山环绕、丛林郁郁，环境特别漂亮，来到这里垂钓的游客不但可以免费垂钓，而且可以住二层别墅的农家院、吃地道的农家菜。

🕐 时间：夏秋季节

农家乐接待

张家台村在盖起的漂亮二层别墅小楼里接待八方游客。这些别墅小楼特点突出，均为西式结构，中式楼顶，蓝砖青瓦，美观雅致。既体现了浓郁的民族风格，又符合北方地域特点，并采用了太阳能供暖技术，适合北方气候要求；不仅能够满足生产生活需要，又与周围自然景观融为一体；这些新民居成为集居住、接待、观光于一体的休闲寓所和家庭旅馆，保证游客能在此吃、住、游、玩得满意。

🕐 时间：7月—8月

◆ 最美的季节

春天赏花、踏青：满山红杜鹃招蜂引蝶，而且桃花、梨花盛开，以及叫不上名字的各种野花也争相斗艳。

夏天避暑、垂钓、休闲：满眼绿色青山映水，特有的地理环境，造就了村内冬暖夏凉的独特气候。

秋天采摘：丰收的季节里，满山的果树上挂满了硕大的果实，蜜桃、柿子、核桃等应有尽有。

冬天赏雪：银装素裹，分外妖娆，新房炊烟袅袅。

◆ 最好看的风景

张家台村和玻璃台村是邻居，所以游客经常是两个村一起旅游。玻璃台村有"一线天"、"东指壶峰"等景点，众多的游客慕名而去。张家台村虽没有那么多知名旅游景点，但是也有巍峨的高山、整齐划一的二层别墅新居，而且拥有游客非常喜欢的可供垂钓的水库，这成为吸引众多游客前来游玩主要吸引点。两个村各有特色、互相吸引，共同为游客提供最美的风景。

◆ 最天然可口的饭菜

张家台村农家院的饭菜绿色、健康，山野风味、粗粮细作、解馋又解饱，农家院的特色菜是扣肉、炖柴鸡、烤水库鱼、贴饼子等。全村共有80户，有40户可以提供美味的饭菜。

崔明春民俗餐厅
- ⓘ 推荐理由：饭菜好吃、味道鲜美、还有自制的卤水豆腐，住宿干净卫生、待人热情
- ￥ 价　格：150元/人/天（三餐+一宿）
- 联系人：崔明春
- ☎ 电　话：13716377299

李先翠农家院
- ⓘ 推荐理由：淳朴热情的老板，美味的农家饭菜以及干净的农家别墅
- ￥ 价　格：150元/人（三餐+一宿）
- 联系人：李先翠
- ☎ 电　话：15910478982

◆ 最乡土的特产

张家台村高山环绕，盛产梨、核桃、栗子、红果等，而且村民自制的大桃罐头口感极佳、味道美味，是农户选择自己家果树上产的上佳桃子，无任何添加剂。

每家每户都有自己的果林，游客可以采摘。

◆ 最舒适的住宿

　　水上新村、临水而居，附近还有二星及三星的宾馆，干净卫生。全村共有60多户可以提供舒适的住宿。村民办起的农家院各有特色，但是每一家都是现代化的二层小别墅，地道的农村特色小菜、齐全的住宿设施和先进的娱乐设施，可以满足游客各方面的需求。卡拉ok、麻将桌、烧烤晚宴等应有尽有，一定会让前来游玩的您流连忘返。

朝亚阁农家院

- ⓘ 推荐理由：房间干净、卫生，而且可以提供美味的农家特色菜
- ¥ 价格：150元/人/天（三餐+一宿）
- 联系人：张志朝
- ☎ 电话：13911882132

范宝成农家院

- ⓘ 推荐理由：房间干净、卫生，而且还有自制的桃罐头
- ¥ 价格：150元/人/天（三餐+一宿）
- 联系人：范宝成
- ☎ 电话：13810238299

◆ 最便捷的行程

- 🚌 公交：从东直门交通枢纽坐852路公交车到平谷区北大市场下车，然后乘开往玻璃台方向的平谷34路公交车在张家台村下车。
- 🚐 自驾：1. 北京机场高速——京平高速——打铁庄出口——官庄道口——峪口镇——大华山镇——镇罗营镇——关上——胡关路——张家台村。
  2. 三元桥——京顺路——枯柳树环岛向右——顺平快速路——密三路——胡熊路——平关路——胡关路——张家台村。
  3. 四元桥——机场高速——京平高速——马坊出口——密三路——胡熊路——平关路——胡关路——张家台村。

北京美丽乡村休闲攻略

巧手匠心迎客来

黄草洼村
（平谷区金海湖镇）

最美点"晴"

　　黄草洼村并不是枯黄的野草、洼洼的山沟，相反它是平谷区的一个瑰宝。满山郁郁葱葱的松柏、硕果累累的核桃树，潺潺的泉水更是从山上蜿蜒流下，仿佛在诉说这个生命不息的小村庄在高山和湖水的滋养下正在蓬勃发展。

　　民俗旅游、农家乐是黄草洼村最大的特色。全村共有138户，办农家乐的家庭有七八户。黄草洼村是北京市市级民俗旅游村、市级生态文明村及市级新农村试点村。在这里不得不提珍珠泉。该村有一泉眼，清澈见底、入口甘甜，最奇特的是站在泉眼边，人只要一跺脚，泉底就会有水泡涌出，仿佛串串珍珠，故名"珍珠泉"。泉水从山腰的泉眼流下，泉水不但甘甜，而且清澈干净，滋养着黄草洼的每一个村民。村民不但喝着甘甜、清澈的泉水，还依托泉水养起了鱼，办起了农家乐。来这里参观旅游的游客们可以观光、垂钓、餐饮、采摘、吃鱼、爬山，感受和大都市不一样的惬意和宁静。2010年，被评为"北京最美的乡村"。

最佳攻略

◆ 最吸引人的活动

避暑休闲

黄草洼多面环山、环境优美，紧邻金海湖。可登野山、赏泉水、采摘果品，金海湖景区有垂钓、快艇、摩托艇、滑索、水上飞伞等项目供游客游玩。山野果蔬、活水鲜鱼、水磨豆腐、山野杂粮、天然矿泉还有红砖小院、瓜藤凉棚，以及部队遗留的青砖军营，无不流露出一种悠闲自在、宁静安乐的景象。夏秋季节，住农家院，吃农家特色饭，晚上还以看到萤火虫，听潺潺的泉水声，让你感受大都市不一样的宁静与惬意。

◆ 最美的季节

春季踏青、赏花：春天万物复苏，嫩绿的枝叶刚刚发芽，万物生机勃然，果树也开满花朵，游客可以前来踏青赏花。

夏季避暑、垂钓：黄草洼村多面环山，并紧邻金海湖，是游客休闲度假、垂钓旅游的好去处。

秋季登高、采摘：黄草洼村有采摘园，秋天是个丰收的季节，采摘园里有核桃、柿子、杏、枣等果树，游客可以采摘自己喜欢的果子。

冬季赏雪：冬天的黄草洼村也是一个美丽的的地方，皑皑白雪让高山穿上了白色的衣服，美丽的雪景让人流连忘返。

◆ 最好看的风景

珍珠泉

泉水是黄草洼村最好看的风景。黄草洼村有一泉珍珠泉，清冽的山泉从村中蜿蜒穿行，由西口通入金海湖。泉水从山腰的泉眼流下，不但甘甜，而且清澈干净，滋养着黄草洼的每一个村民。

¥ 观光免费

☎ 咨询电话：010—60982534

金海湖景区

金海湖景区有垂钓、快艇、摩托艇、滑索、水上飞伞等项目供游客游玩。

◆ 最天然可口的饭菜

全村共有138户，有七八户可以提供美味的饭菜。

虹鳟鱼烧烤城
- ⓘ 推荐理由：金海湖水库的鲜鱼干净、卫生、好吃、价廉物美
  特色菜："虹鳟六吃"、生鱼片、农家柴鸡、凉拌"水蘑菇"
- ☎ 电话：010-60982131

吊桥农家
- ⓘ 推荐理由：专注菜品
- ¥ 价　格：市场价（可详询）
- 🖐 联系人：张凤云
- ☎ 电　话：13611039216

垄上观湖
- ⓘ 推荐理由：服务踏实、菜肴香甜
- ¥ 价　格：100元/人/天
- 🖐 联系人：刘小伟
- ☎ 电　话：13693380683

◆ 最乡土的特产

黄草洼村有樱桃、柿子、核桃、杏、桑葚等果树，以及特色风筝工艺品。村里有4家采摘园，可以供游客采摘樱桃、核桃、柿子等。

◆ 最舒适的住宿

黄草洼村共有七八户可以提供舒适的住宿。

响水人家
- ⓘ 推荐理由：房间干净、整洁、卫生、设施齐全
- ¥ 价　格：100-150元/人/天
- 🖐 联系人：刘秀荣
- ☎ 电　话：13691199923

休闲农家
- ⓘ 推荐理由：服务周到、设施齐全
- ¥ 价　格：100元/人/天
- 🖐 联系人：刘凯华
- ☎ 电　话：13241328400

王绍军农家餐厅
- ⓘ 推荐理由：菜谱全面，价格低廉
- ¥ 价　格：80-90元/天/人
- 🖐 联系人：王绍军
- ☎ 电　话：60189559

荣欣农家
- ⓘ 推荐理由：服务周到、崭新楼舍
- ¥ 价　格：80-150元/人/天
- 🖐 联系人：王海荣
- ☎ 电　话：13718082580

金慧农家

- ⓘ 推荐理由：休闲娱乐、设施完备、菜肴可口、乡村曲调
- ¥ 价　格：90-120元/人/天
- 联系人：张慧娟
- ☎ 电　话：13716566946

◆ 最便捷的行程

- 🚌 公交：东直门长途汽车站乘918路、852路到平谷汽车站，换乘28路、45路或者平谷—蓟县、平谷—兴隆小巴士到金海湖黄草洼。
- 🚐 自驾：1. 驾车从京平高速到平谷，从平蓟路到金海湖黄草洼。
　　　　2. 北京三元桥出发，驾车上京平高速到平谷，上平蓟路到金海湖黄草洼。

◆ 最动人的故事

金花公主和风筝

　　金花公主是金国章宗皇帝的女儿，生得聪明伶俐，容貌姣好，可惜她正当豆蔻年华，便香消玉殒，与世长辞了。当年，金花公主和她父皇在山上打猎，有一个小孩也正在山上在放风筝，她父皇射中了一只梅花鹿，而箭也正好把风筝线射断了，金花公主去追断了线的风筝，不幸掉下了悬崖，失去了风筝，而断了线的风筝正好降在黄草洼村，人们为了纪念金花公主，而做起了风筝工艺，并成为当地特色。

刘家碾

　　外村人都知道刘家碾的豆腐细嫩好吃，但很少有人知道刘家碾豆腐是一位姓戴的异姓人家利用黄草洼的泉水和自己的水碾最先磨制的。为了纪念这位勤劳能干的先民，黄草洼的村民把以前那个磨盘尊称为"刘家碾"，并保存至今。

合适树

　　该村有两棵奇树：一棵是核桃树，一棵是柿子树。两棵树分别在马路两侧，相向而生，双双百年康健，为过路的人们遮阴纳凉。因此人们常取"合适"来纪念两棵古树，也是刚刚恋爱的情侣经常光顾的地方，以求吉祥。

◆ 最经典的线路

　　黄草洼旅游接待站——珍珠泉——合适树——刘家碾——采摘园——垂钓园——望湖亭——黄草洼活水鱼宴

北京 美丽乡村休闲攻略
密云县

北京最美的乡村
The Most Beautiful Village In Beijing

- 山清水秀古新城——石塘路村

- 龙盘虎踞千年关——古北口村

- 朝霞首缕映仙谷——花园村

- 敢借青山奔富路——曹家路村

- 产业融合新标杆——蔡家洼村

- 特色"禅味小山村"——黑山寺村

密云县

美丽桃村 古北口村

美丽桃村

美丽桃村 曹家路村

美丽桃村 石塘路村

美丽桃村 黑山寺村

密云县

美丽桃村 蔡家洼村

2006年北京最美的乡村

2007年北京最美的乡村

2008年北京最美的乡村

2009年北京最美的乡村

2010年北京最美的乡村

2011年—2012年北京最美的乡村

山清水秀古新城 石塘路村
（密云县石城镇）

最美点"睛"

　　石塘路村位于镇域东北部，密云水库西岸，东南距密云县政府25公里，距镇政府2公里，沙通铁路穿越村内，村南建有石塘路火车站。村域总面积为13.77平方公里。全村共有216户、570口人，现有民俗户120户，90%以上的人从事旅游接待。

　　石塘路坐落之地青山掩映，碧水环绕，这里山青、涧碧、水绿、天蓝。清晨，朝晖中的小村与水库天光一色，山、水和田园风光相得益彰，民风淳朴、乡情浓郁。这里的春天，漫山遍野的红杜鹃、杏花、桃花、梨花交相辉映，灿若烟霞；仲夏季节，满目苍翠，密云水库这个"天然大空调"使得此地凉爽宜人，避暑绝佳；金秋时节，层林尽染、林果飘香，一派丰收的景象。石塘路村美丽的自然风光为其发展民俗旅游业提供了天然的屏障。走进民俗村、住进民俗户，游客可以步行到水库垂钓，也可以攀爬附近的古长城，到石塘路村你可以真切地感受到大自然纯朴的气息，更可以享受风格独特的农家小院。吃着香甜可口的农家饭菜，陶冶于清俗、阔静的大自然中，让人流连忘返。

　　石塘路村还有一个天然优势就是周边景区密集，黑龙潭、京都第一瀑、桃源仙谷、云蒙峡等诸多景区都在半小时的车程范围内。

最佳攻略

◆ 最吸引人的活动

1. 石塘路村的古城人家利用其自身的地理优势为游客提供了丰富的娱乐活动：真人CS、沙滩摩托、篮球竞技、观看露天电影、露天篝火等。

2. 自做自吃农家饭活动

住在这里任何一户，游客都可以亲自到菜园采摘，回来自己做农家饭；也可以品尝农家的各色小吃，有小米粥、玉米粥、贴饼子、垮炖鱼、山野菜、炸河虾、柴鸡炖蘑菇、柴鸡蛋、咸鸭蛋、豆腐等等。

◆ 最舒适的住宿

古城人家

拥有标准客房30间，可一次性接待游客80人。"古城人家"紧挨石塘路村古营城遗址，青砖兰瓦、装饰华美。走进"古城人家"，石磨、石碾子、古水井、农具等生活、生产用具，古香古色，独具匠心，到处充满了明清文化韵味。

¥ "古城人家"标间客房每间价格180元，套房价格每间400元

◆ 最乡土的特产

1. 由于石塘路村紧邻密云水库，岸边生长的大量蒲草更是取之不尽的天然原材料，有了这些，再加上村民的巧手，一项集草编制作展示、草编制作体验、草编产品销售于一体的创意产业便产生了，结合"北京礼物"的开发，村里建起了"石塘路草编坊"。

2. 石塘路村东有占地250亩的生态采摘观光园，而农产品的包装则采用了石塘路村自产的草编，受到了广大游客的青睐。到采摘园采摘的价格按照每年的市场价格进行调整。

◆ 最便捷的行程

🚌 公交：东直门乘980、987路到密云鼓楼下车，在那里可以看到一个钟鼓楼，钟鼓楼下面就是一个小的公交总站，站内所有的六十几路车均可到达石塘路村。

🚗 自驾：进入密云县城往北行驶，到达密云水库继续往北即黑龙潭方向直行；到达石城镇政府再往北行驶大约500米，即可到达石塘路村。

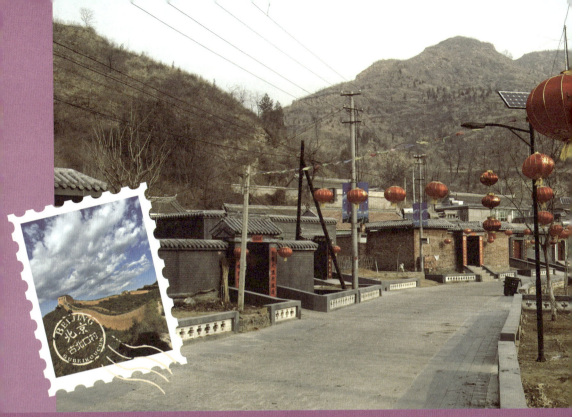

古北口村

龙盘虎踞千年关

（密云县古北口镇）

 最美点"睛"

　　古北口村位于北京市密云县东北部，是北京的东北大门，历代都是兵家必争之地，俗称："京师锁钥，南控幽燕，北捍朔漠。"曾经的千年边关重镇，现在更是历史文化名镇和著名的民俗旅游接待村。

　　历史人文景观是这个村最大的看点。古北口自然风景优美，人文景观丰富。乾隆当年入古北口，曾留下"人工真可夺天工，界限风光迥不同"的诗句，来描述古北口的独特景色。有蟠龙山长城、令公庙、药王庙、财神庙、二郎庙、娘娘庙、三眼井、古御道等历史古迹，还有抗战烈士之墓、古北口保卫战纪念碑、长城抗战纪念馆等爱国主义教育基地等旅游资源。古北口有着厚重的文化底蕴。隋朝设军阵、杨家将戍边关、戚继光筑长城、康熙皇帝避暑、乾隆皇帝阅兵、八千子弟兵"长城抗日保卫战"等历史故事在京郊大地广为流传。古北口由于特殊的地理位置，在历史长河的发展、衍变过程中，为后人留下了极其丰富的历史人文景观，"七郎坟、令公庙，琉璃影壁靠大道，一步三眼井，两步三座庙"形象地表述了古北口村的景观特色。

　　古北口文化文物旅游区是AA级旅游景区，2006年被北京市列为社会主义新农村试点村之一，2008年当选"北京最美的乡村"，2011年被中华人民共和国农业部评为"中国最有魅力休闲乡村"。全村现有420户，1050口人，是北京市少数民族村之一。

最佳攻略

◆ **最吸引人的活动**

庙会

为弘扬传统文化，古北口村每年于农历九月十三（杨令公生日）前后举办为期三天的杨令公庙会。庙会期间有戏曲、歌舞、大头娃娃表演、踩高跷、宫廷服装表演等节目，热闹非凡。

◆ **最好看的风景**

蟠龙山长城

蟠龙山长城处在司马台长城和卧虎山长城之间，顺山脊走向，连绵起伏，像几条巨龙环绕盘踞在山顶，是目前所有对游人开放的长城中唯一没有经过人工修缮、保持历史原貌的古长城。

¥ 门票：25元/人
☎ 咨询电话：81052790 / 81051133

古镇

古镇位于古北口文化文物旅游区内，由古御道牌楼沿古御道而入，包含有令公庙、药王庙、财神庙、二郎庙、格格府、御膳房、御道宫灯、九曲黄河阵、民族民俗展室、长城抗战纪念馆等景点。

☎ 门票：20元/人
¥ 咨询电话：81052790 / 81051133

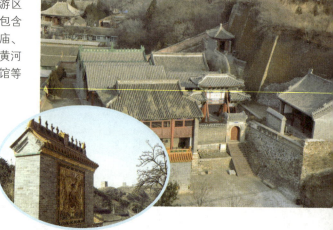

◆ 最天然可口的饭菜

全村现有420户，1050口人，接待户总量1500位。

叠翠居农家院

- ℹ 推荐理由：洁净好吃
  特色：驴打滚
- 💰 人均消费：30～40元
- 🌱 联系人：于翠云
- ☎ 联系电话：81051469

野蔬坊农家乐园

- 💰 人均消费：30～40元
- 🌱 联系人：刘淑菊
- ☎ 联系电话：81051219

◆ 最乡土的特产

古北口杂粮、蜂蜜、宫灯。

九曲黄河阵采摘

💰 李子，10元/斤　　🌱 联系人：王建　　☎ 联系电话：13811758093

南关采摘园

💰 李子，10元/斤，梨，15元/斤　　🌱 联系人：王建　　☎ 联系电话：13811758093

◆ 最舒适的住宿

叠翠居农家院
¥ 人均消费：30~40元　　**联系人：于翠云**　　**☎** 联系电话：81051469

野蔬坊农家乐园
¥ 人均消费：30~40元　　**联系人：刘淑菊**　　**☎** 联系电话：81051219

静旺盛兴农家院
¥ 人均消费：30~40元　　**联系人：何静**　　**☎** 联系电话：18310904876

◆ 最便捷的行程

🚌 **公交：** 东直门公交总站乘980路公交车，行至密云汽车站换乘密25路或开放滦平、承德方向的汽车，行至古北口隧道口下车即到。

🚐 **自驾：** 上京承高速，行至太师屯出口（23出口）出，入101国道，往滦平方向行至古北口隧道口古御道牌楼即到。

◆ 最经典的线路

一日游：
A. 上午：蟠龙山长城遗迹——七勇士纪念碑
　　下午：御膳房——御道宫灯——二郎庙——民俗展览馆——九曲黄河阵
B. 上午：杨令公庙、药王庙、财神庙等庙落观光
　　下午：御膳房——御道宫灯——二郎庙——民俗展览馆——九曲黄河阵

二日游：
第一日：蟠龙山长城遗迹——七勇士纪念碑——御膳房——御道宫灯——二郎庙——民俗展览馆——九曲黄河阵
第二日：古御道——杨令公庙、药王庙、财神庙等庙落观光——古北口老城——长城抗战纪念馆

朝霞首缕映仙谷 花园村
（密云县新城子镇）

 ## 最美点"晴"

　　想要感受北京的第一缕阳光的轻抚，体验"鸡鸣四县"的神奇吗？那么请到花园村来吧！

　　花园村位于密云县新城子镇东北部，燕山山脉主峰雾灵山脚下、安达木河上游，与河北省滦平县、承德、兴隆三县接壤，有"鸡鸣四县"之称。村东的黑谷关是北京市第一缕阳光诞生地。清晨爬上山坡，在这你可以享受到北京的第一缕阳光，迎接清晨的到来，享受大自然的美景！既然是北京的至东，那么迎接北京第一缕阳光的地方自然是花园村的至东地标。北京的第一缕阳光，就照射在黑谷关的烽火台上。

　　站在黑谷关烽火台上眺望，公路南面的山峦上，明长城绵亘蜿蜒。长城脚下有一户孤零零的人家，坐南朝北，西面是砖石砌的青灰色瓦房，东面红色顶棚的房子像刚建不久，院子中间一片花红叶绿，颇有农家小院的野趣。

　　五虎门风景区是花园村一大景点。炎炎夏日，进入五虎门风景区，穿梭在各种树木花草之间，顿感无比凉爽。景区内有参天大树，有低矮灌木，还有树干上长出的绿绿苔藓，清新的空气沁人心脾。石板路上常会有层层细流，踩着浅浅的水，无论何人，都会生出调皮的想法，停下来戏水，玩赏花花草草。在这里你会忘记了外面的世界还是夏天。

●●● 最佳攻略

◆ **最美的季节**

春季，红花满山、万物复苏、鸟语花香、花红柳绿、蜂蝶缠绕，杜鹃花、丁香花、忍冬花等竞相开放，姹紫嫣红。即使是绿色也显出浓淡不同的色彩和层次，到处一片生机盎然，让人感到亲近大自然的无限美好。

夏季，郁郁葱葱，山外骄阳似火，山内则是树木葱郁、凉风送爽、飞瀑流泉、潭幽溪清。强烈的阳光经过层层叠叠枝叶的过滤，洒在大地上也只剩下几个温柔的光点。来此避暑纳凉，会让人心旷神怡、流连忘返。

秋季，山下一片翠绿，山上的桦树、落叶、串串硕果，点点簇簇地镶嵌在峰岭层叠之间，似碧波上漂浮的片片红帆，又似蓝天上飘荡的朵朵云霞。

冬季，冰潭串联。茫茫林海一派北国风光，苍松翠柏在雪中刚劲挺拔。

◆ **最好看的风景**

　　1.五虎门风景区
　　2.黑谷关长城

当年国民党军队与日本军队在此激战，弹洞痕迹依然可见。

　　3.黑谷关烽火台

🕐 营业时间：每年的4月15日至11月15日
　　　　　　　7:00—17:00

¥ 票价：通票25元

👤 联系人：李振恒

☎ 联系电话：010-81023008 / 13811478445

🌐 网址：http://www.dongjixiangu.com/index.asp

北京美丽乡村休闲攻略

◆ 最天然可口的饭菜

1. 梦缘民俗饭庄

¥ 人均消费：不等　　👤 联系人：宋晓梅　　☎ 联系电话：13436872827
Q QQ：435107431　　ℹ 网　址：http://www.tsnjy.com/

2. 山水情缘

¥ 人均消费：不等　　👤 联系人：张凤莲　　☎ 联系电话：81022991

3. 山里人家

¥ 人均消费：不等　　👤 联系人：赵凤霞　　☎ 联系电话：81021818

4. 五虎门度假村

👤 联系人：潘立宁　　☎ 电话：13811230383　　Q QQ：576808158
ℹ 网址http://www.whmdjc.com/

◆ 最乡土的特产

1. 山野菜　　　　　⏱ 采摘季节：4-6月　　　¥ 价格：不等
2. 虹鳟鱼、鲟鱼　　⏱ 季节：常年　　　　　¥ 价格：不等
3. 野山菇　　　　　⏱ 采摘季节：7月以后　　¥ 价格：不等
4. 杂粮煎饼　　　　⏱ 季节：四季　　　　　¥ 价格：不等
5. 泉水豆腐　　　　⏱ 季节：四季　　　　　¥ 价格：不等
6. 擀面皮

◆ 最舒适的住宿

梦缘民俗饭庄

这里有地道可口的民俗饭，开心唱不停的卡拉OK房，大显身手的露天篮球场，还有干净的客房和主人浓浓的热情。

¥ 双人标间180元/间、三人标间150元/间、多人间40元/人（全部带有淋浴、独卫、有线电视）
👤 联系人：宋晓梅　　☎ 联系电话：13436872827
Q QQ：435107431　　ℹ 网址：http://www.tsnjy.com/

密云县 花园村

山水情缘

¥ 人均消费：不等　　🌿 联系人：张凤莲　　☎ 联系电话：81022991

山里人家

¥ 人均消费：不等　　🌿 联系人：赵凤霞　　☎ 联系电话：81021818

五虎门度假村

🌿 联系人：潘立宁　　☎ 电话：13811230383　　Q QQ：576808158
🌐 网址http://www.whmdjc.com/

岳氏庄园度假村

🌿 联系人：岳海滨　　☎ 电话：81020403　　🌐 网址：http://blog.sina.com.cn/wulingxigu

◆ 最便捷的行程

🚌 公交：东直门公交总站乘坐980路到密云车站，转乘密云—安匠（经花园村）52路公共汽车
　　　（8:00—15:00发车5趟），到花园村岳氏庄园下车就到。

🚗 自驾：京承高速——司马台长城出口（24号）下高速上松曹路，途径新城子、曹家路（村口有大牌
　　　楼，进村中走右侧路，见东湖人家右转过桥，过桥立即左转，沿途有中石油度假村、五虎门
　　　度假村、渔乡花园）——花园村（过村后200米右侧路上山）——雾灵溪谷岳氏庄园。

◆ 最动人的故事

电影《狼图腾》取景地

　　如画的山水，吸引了法国导演让·雅克·阿诺，电影版《狼图腾》中知识青年上
山下乡路上的所有镜头都在雾灵山山脚下的密云县新城子镇花园村开拍。

◆ 最经典的线路

两日游：
东极仙谷——赏夕阳——观日出——四县交界、京都晨曦，黑谷关

北京美丽乡村休闲攻略

276

敢借青山奔富路

曹家路村
（密云县新城子镇）

 最美点"睛"

绮丽的山水，缭绕的云雾，如临仙境之地！这里便是有着"北京最好山水景观"盛名的曹家路村。

曹家路村坐落于密云县新城子镇东北部，距密云县城70公里，村域占地16900多亩，燕山主峰雾灵山北麓，安达木河上游，与河北省兴隆、滦平、承德接壤，古老的长城巍然耸立，山间溪水缓缓流淌。

雾灵山是燕山山脉主峰，海拔2118米，京东第一高峰，因有奇特的山峰、茂密的森林、丰富的水源，有"北方黄山"之称。森林覆盖率达80%，进入景区，就可看到成片的杨树、胡桃、红果、映山红、野生弥猴桃等树，植物有121科、983种。景区内有保护完好的原始次生林、上百种中草药。

6月里也是山分四季，山顶冰雪未融，山中潭瀑成串，山下草绿花红，明代学者顾炎武在《昌平山水记》中记载："其山高峻，有云雾蒙其上，四时不绝。"因位于雾灵山脚下，地处军事要塞，是兵家必争之地，逢有险峻山峰之处，均可见到长城、烽火台、古城墙。

龙潭景区在雾灵山主峰的西北坡，有陡峭的山峰，有幽深的峡谷，奇峰竞秀。由于泉水丰富，汇流成河，又形成了多处瀑、潭、溪景观。瀑布景观主要有三处，龙潭瀑布、壶口瀑布、三叠瀑布，最为壮观的是位于景区最高处的龙潭瀑布，落差56米，宽40米，泉水从半山腰跃出，直落潭底，水声轰鸣震谷，潭面水花如雾。由于雾灵山的植被茂盛和夏季凉爽的气候条件，是夏季避暑休闲的好去处。

最佳攻略

◆ 最吸引人的活动

应季水果、蔬菜采摘：夏天，这里有酸甜可口的李子、杏，秋天这里有特色的新城子曹家路苹果、不同品种的梨、脆口的大枣……生态大棚里更是有新鲜的黄瓜、青椒、西红柿等。除土质好、泉水灌溉以外，独特的"冷湖"效应，使得这里的大樱桃品质极佳，在清代一直是皇家御用的贡品。因此这里的大樱桃总是供不应求。

◆ 最美的季节

雾灵山一年四季，都美不胜收

春天，万物复苏，鸟语花香，杜鹃花、丁香花、忍冬花等竞相开放，姹紫嫣红。依照山的海拔高度不同，花一层层开，树一层层绿，到处一片生机盎然。

夏日，山外骄阳似火，山内则树木葱郁，金莲花如金铺地，银莲花似玉漫坡，凉风送爽，飞瀑流泉，潭幽溪清。天然林遮阳蔽日，人工林木质芳香。来此避暑纳凉，会让您心旷神怡、流连忘返。

秋天，山下一片翠绿；山上的桦树、落叶松已变得金黄；山腰的山杨、五角枫、栎树一层层变黄、变红、变紫。放眼望去，片片红叶，串串硕果，点缀在峰岭层叠之间。

冬天，崇山峻岭，银装素裹，玉树冰花，茫茫林海……一派北国风光。苍松翠柏在雪中刚劲挺拔，显出雾灵山凛然飘逸的冷峻神态。更有龙潭冰瀑、壶口冰瀑等景观，令人叹为观止。

◆ 最好看的风景

雾灵山景区

⊙ 景区开放时间：每年4月15日到10月15日（以实际情况为准）

雾灵山森林公园

￥ 门票：120元　　☎ 联系电话：81021833 / 81021034

⊙ 景区开放时间：5:00—17:00

夏季景区内气候凉爽，需注意携带单衣

◆ 最天然可口的饭菜

1. 素芝民俗饭庄
- ¥ 人均消费：70元
- 联系人：马素芝
- 联系电话：81023476

2. 云惠民俗饭庄
- ¥ 人均消费：70元
- 联系人：高云惠
- 联系电话：81022201

3. 建军民俗饭庄
- ¥ 人均消费：70元
- 联系人：张建军
- 联系电话：81022413

4. 兴达民俗饭庄
- ¥ 人均消费：70元
- 联系人：刘凤芹
- 联系电话：81020582

5. 百顺居民俗饭庄
- ¥ 人均消费：70元
- 联系人：黄立玲
- 联系电话：81022152

◆ 最乡土的特产

杏、李子、曹家路苹果、梨等。

1. 大南坡采摘园

联系人：王世富　　联系电话：13716225790

2. 大东洼百果园

联系人：高广江　　联系电话：81022329

注：其中杏、李子夏季采摘，价格：2-5元/斤
曹家路苹果、梨秋季采摘，价格：3-6元/斤

◆ 最舒适的住宿

1. 云惠民俗饭庄

有客房13间，设有标间和普通间。拥有独立
卫生间，冲水马桶、冲水蹲便器。

¥ 人均：100元/天　　联系人：高云惠
联系电话：81022201

2. 海波酒家

共有房间85间。拥有独立卫生间，冲水马
桶，每个房间均可24小时淋浴，锅炉供热水。

¥ 人均：100元/天　　联系电话：81022395

3. 月亮湖度假山庄

有双人标准间、三人标准间、豪华套间，其中标准间45间，可同时接待120人住宿。

¥ 人均：200元/天
☎ 联系电话：010-81022388 / 010-81021528

4. 素芝民俗饭庄

¥ 人均：30元/天　　👤 联系人：马素芝
☎ 联系电话：81023476

5. 建军民俗饭庄

¥ 人均：30元/天　　👤 联系人：张建军　　☎ 联系电话：81022413

◆ 最便捷的交通

🚌 公交：北京东直门乘坐980路至密云终点站，然后换乘密云到大角峪方向的公交车，到曹家路村下车即可。

🚗 自驾：京承高速公路行至司马台出口下高速，沿松曹路行驶17公里到达曹家路村。

◆ 最经典的线路

1. 一日游：

西门——游龙潭景区（沿途游览龙潭瀑布、天然白桦林、拇指峰、观音送子崖、壶口瀑布、金雕崖、天然猕猴桃园等景点）——落松台乘区内中巴至顶峰——游五龙头景区——走青龙岭（沿路游览五龙头、龙角松、独臂松、云天门、布币石、叠石岩等景点）——莲花池中餐——清凉界景区（一路游览清凉界碑、清凉界峰、三像石、古辽杨等景点）——返回。

2. 两日游：

西门——游龙潭景区（沿途游览龙潭瀑布、天然白桦林、拇指峰、观音送子崖、壶口瀑布、金雕崖、天然猕猴桃园等景点）——莲花池中餐——仙人塔景区（观仙人塔、徒步游览十八潭生态旅游线，赏天地潭、浴潭、新月潭、净潭、缓潭等景点）——晚上住莲花池宾馆——早上游五龙头景区（观日出赏云海）——上午清凉界景区（一路游览清凉界碑、清凉界峰、三像石、古辽杨等景点）——返回。

产业融合新标杆

蔡家洼村
（密云县蔡家洼村）

 最美点"睛"

蔡家洼是个神奇的地方，有悠久的历史，有古老的传说。蔡家洼村位于密云县城东、潮河水岸边，距密云县城五公里，依山傍水，环境幽雅，地理位置优越，交通便利。

走进蔡家洼村，侧面的张裕红酒庄园屹立，宽阔干净的街道延伸向整齐的农民住宅楼，右边一片温室大棚，游人在这里不仅可以看到熟悉的蔬菜水果，也可以一睹新奇的各色果品。玫瑰花园中，游人可以在景区欣赏到丰花1号、四季玫瑰和大马士革玫瑰花及名优品种月季，同时还可以观赏到薰衣草、罗勒、金光菊、香囊草、红花鼠尾草、月见草等十多种草花。游人可以在多彩绚丽的玫瑰园赏花、拍照、摄影、采摘、绘画，留住精彩瞬间，与玫瑰花的优雅浪漫同精彩、共绽放！

当然，来到蔡家洼村您更可以领略这里的精神文化生活，老年活动中心内设台球、象棋、扑克、麻将等娱乐活动设施，各种健身器材、数字影厅、成人学校、图书室等，让您在领略乡村风光的同时，满足体育锻炼与精神文化的要求。

●●●● 最佳攻略

◆ 最吸引人的活动

玫瑰之约，浪漫之旅

"玫瑰新娘"摄影活动。展示玫瑰与婚纱照的结合之美，以"姹紫嫣红玫瑰园、千株万朵竞开妍、深在花海馨香浓、成就人间好姻缘"为主题，开展"玫瑰新娘"摄影活动。

玫瑰产品展销。玫瑰产品展示销售，游人可以体验玫瑰产品、品尝玫瑰食品，感受玫瑰产品由鲜花转变成产品的惊喜。

产业融合发展体验游

游览工业园区，走进工业观光厂房，游人可亲眼看到面包、寿桃、月饼、豆腐等食品制作过程，并可亲手参与制作豆腐、巧克力。畅游农业园区，欣赏北京的南方果园，享受"南果北栽"的成果，体验采摘热带水果和精品蔬菜的乐趣。

乡村特色美食坊

为进一步展示民间饮食文化，使游人品尝特色风味小吃，领略蔡家洼风情，在活动期间，玫瑰情园布置了多个乡村特色美食坊，经营多种特色风味食品，如豆浆、豆腐脑、开包豆腐、多味豆干等系列豆制品，各式烤串、烤红薯、烤玉米、大煎饼、核桃、栗子等各种小吃汇聚在一起，让市民和游客大饱口福。

儿童乐园

在玫瑰情园观景平台处设有露天儿童乐园，在这里可以使孩子真正地亲近自然，给孩子提供足够的活动空间，让孩子尽情地玩耍。

"骑行玫瑰情园、体验魅力乡村"

蔡家洼村结合自然地形，在山坡丘陵地上依势而建，拥有不同地形的公路和山地路，可为骑行爱好者提供丰富的骑行场地。

"房车生活、移动的家"

风景区内推出集房车文化推广、房车露营以及房车爱好者互动活动为一体的综合性房车体验活动。在这里，新款房车外形采用流线型设计，整体外观十分拉风，同时房车的内部装饰也很精致。活动还创造性地提出了"新旅程、心享受"的房车理念，为体验者开启更为自由的休闲生活，使他们通过旅行纵情山水，充分享受房车生活。

秋之韵民俗文艺演出

在开园仪式当天及国庆节期间，园区举办民俗风情表演、北京市非物质文化遗产五音大鼓展示等活动。游人可以欣赏到钢叉、少林会、吵子、十不闲、高跷会、秧歌等表演，还有北京市非物质文化遗产"蔡家洼五音大鼓"，这一古老的民间艺术曲种在蔡家洼已经传承一百多年了，具有很高的艺术和文化研究价值。

◆ 最美的季节

千亩荞麦景观田

千亩荞麦景观农业田，正盛开着洁白如云的荞麦花。这片开得正艳的荞麦花在秋风的吹拂下，随风摇弋，似点点碎银洁白无暇，在此间漫步、赏花、摄影，赏心悦目。

◆ 最天然可口的饭菜

玫瑰山吧

露天平台，特色小吃，享受自然；吃美食，闻花香，看花海。

¥ 人均：38元　　☎ 联系电话：61069959

玫瑰情园豆腐美食坊

品尝纯手工豆腐制作的豆浆、豆腐脑、开包豆腐、豆腐丸子及系列豆制品。

¥ 人均：50元　　☎ 联系电话：61069959

蔡家洼生态观光园九区二层餐厅

特色火锅。

¥ 人均消费：38元—58元　　☎ 电话：89093636

蔡家洼生态观光园十区二层餐厅

特色豆腐宴，以蔡家洼招牌豆腐为原材料，风味独特。

¥ 价位：500元—800元/桌　　☎ 电话：89093636

蔡家洼生态观光园科技楼水上餐厅

造型独特的"水上"餐厅，让您在南方的热带植物与水流声的围绕下，吃出返璞归真的味道！所有食材均来自有机农业基地及工业区自产，保证纯净、健康。

¥ 价位：600元—1500元/桌　　📞 电话：89093636

◆ 最乡土的特产

蔡家洼村建设400亩联栋温室大棚，栽植十多种热带水果，有枇杷、莲雾、龙眼、香蕉、荔枝、杨桃、木瓜、火龙果、沙田柚、杨梅、番石榴、百香果等热带果树，温室中还栽植多种有机蔬果，主要是以名优特菜、反季节蔬菜以及观赏瓜果为主，共二十多个品系，2012年又引进台湾多个品种的蝴蝶兰，成为北京市最大的热带果树观赏基地；发展以大樱桃、葡萄、桃、李子为主的精品林果业；利用林下空间，种植桔梗、益母草、夏枯草、党参等十几种中草药。

◆ 最舒适的住宿

蔡家洼生态观光园农业科技大楼

标准间、四人间。

📞 电话：89093636

◆ 最便捷的行程

🚌 公交：1. 北京东直门长途汽车站乘980路到密云鼓楼，再乘3路公交车至蔡家洼观光工业园区。
　　　　2. 乘坐北京980公交车到终点站（密云汽车站），转乘坐公交车密5、密16、密18到达村口。

🚗 自驾：北京上京承高速至密云17出口，过收费站到头左转500米至蔡家洼村，沿进村主路前行（各游览区沿途有路标）即到。

◆ 最动人的故事

据《北京大百科全书》记载，在唐朝这里被称为北庄，"曾以蔬菜生产著名，故名菜佳佳，后因谐音演为蔡家洼。"唐朝存在于618－907年，是中国封建社会最强大的时期，中国当时成为世界上最强大的国家。公元693年（唐朝长寿二年）密云县成为檀州府所在地。公元742年（天宝元年）将檀州改为密云郡，有军队驻守，"城内官兵万人，马三百疋"，不难想象，如此庞大的一支边防军，军需供给不能完全依靠密云城关地区，而与密云城仅隔一条潮河的蔡家洼一带就会成为军需生产基地。蔡家洼村内有一条溪水穿村而北流，十分适合种植蔬菜，得名"菜佳佳"就不足为奇了。

特色"禅味小山村" # 黑山寺村
（密云县黑山寺村）

最美点"睛"

密云水库西北边溪翁庄镇有一个闻名遐迩的小山村——黑山寺村。村庄的环境优美，美景宜人。

快到黑山寺村时，远处那座山黑乎乎一片，黑色是它的主旋律，想必黑山之名便由此而来吧！在黑山的西山脚下，落成有一座寺庙——大云峰禅寺，在一片开阔地上，高大的汉白玉滴水观音菩萨像耸立在十三级佛台之上。唐朝风格的菩萨殿、大雄宝殿、左右配殿等建筑规整对称，寺庙各殿沿山势由低到高依次排列直到山根。环视寺庙周围，山势雄奇逶迤，山林茂密，景色钟灵毓秀，仿如仙境一般。

黑山加寺庙，便成为"黑山寺村"了。

"禅味小村"是黑山寺村的最大特点。由于黑山寺村全村只有88户，191口人，村域面积2.07平方公里，精致小巧的村落，加上村西的"大云峰禅寺"，四面群山环抱，风光秀丽，溪水潺潺，乃灵山圣地，别有特色。

这里，尤其是盛夏季节，满眼绿色，清爽宜人。村庄林木覆盖率达75%以上，植被覆盖率可达95%，各种树木达25种，具有极高观赏价值的珍奇古木为黑山寺格外增添了一份古朴新意。

村后山顶峰有北京奥运会标志舞动的"京"字，是唯一一处奥运摩崖景观，"中国印"摩崖石刻高96米、宽38米，采用瓦背体格式，镌刻在海拔968米的云龙涧主峰，其中"京"字印高76米、宽38米。在远处，您便可以看到它在迎接您的到来！

最佳攻略

◆ 最美的季节

黑山上有五龙头岩，万里长城如长龙蜿蜒纵横，烽火台高耸入云，更有飞瀑流泉，蔚为奇观。夏季，这里瀑布纷扬，好似无数白练浮动，又似银丝纷飞；冬季，景色绝佳，苍松翠柏碧绿，冰凌倒挂，耀眼生辉；春季，百花盛开，风景如画；秋季，万山遍野，层林尽染，蔚为壮观。

◆ 最好看的风景

大云峰禅寺

禅寺复建于唐代，历史悠久，高僧大德辈出，是佛门修行圣地。现修复重建，如今有万名佛门道友共同发起，共襄善举复建古刹大云峰寺万佛宝殿。

¥ 不收门票，免费参观

云龙涧景区

"中国印"摩崖石刻高96米、宽38米，采用瓦背体格式，镌刻在海拔968米的云龙涧主峰，其中"京"字印高76米、宽38米。上山可步行也可乘坐缆车，登峰瞭望可观看到密云水库全景，密云县城整体概况尽收眼底。

¥ 门票35元，缆车单程60元，往返110元

◆ 最天然可口的饭菜

缘素民俗客栈
¥ 100元/人/天
联系人：宋学英　☎ 联系电话：13681011037

拾得素食馆
¥ 100元/人/天
联系人：翟金荣　☎ 联系电话：13693507567

黄米粒民俗客栈
¥ 100元/人/天
联系人：师春花　☎ 联系电话：15910305438

君合民俗客栈
¥ 100元/人/天
联系人：王书华　☎ 联系电话：69013644

北京美丽乡村休闲攻略

◆ **最乡土的特产**

　　黑山寺盛产干鲜果品，有板栗、核桃、杏、苹果梨、红果、柿子、纯生态的各种粗粮、蔬菜等。村中有家名山旅驿站的纪念品店，来到这里可以购买到各种各样的"爨"字纪念品、山区特产、手工艺品……

◆ **最舒适的住宿**

　　拾得素食馆
💴 120元/人/天　　👤 联系人：翟金荣
☎ 联系电话：13693507567
　　黄米粒民俗客栈
💴 120元/人/天　　👤 联系人：师春花
☎ 联系电话：15910305438
　　君合民俗客栈
💴 120元/人/天　　👤 联系人：王书华
☎ 联系电话：69013644
　　缘素民俗客栈
💴 120元/人/天　　👤 联系人：宋学英
☎ 联系电话：13681011037

◆ **最便捷的交通**

🚌 公交：东直门乘987路，云龙涧风景区下车，向西步行约800米即到。
　　东直门乘980路到密云大剧院，换乘密8路汽车水库宾馆站下，搭乘出租车前往黑山寺村。
🚐 自驾：京承高速第16出口（顺密路出口）出，从密云城区向北沿密溪路见水库宾馆丁字路口左转，（过北白岩村）前行5公里即到。
🚆 火车：乘"北京北站—隆化"线，黑山寺站下车往西步行约1000米即到。

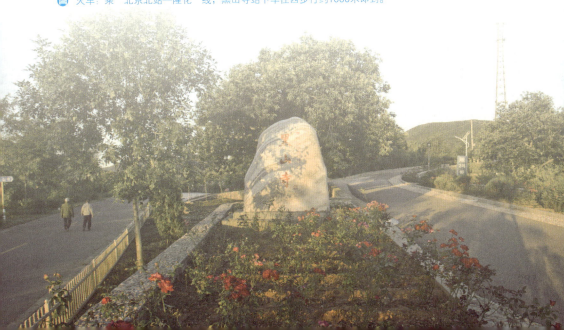

密云县 黑山寺村

大云峰禅寺后面的山即五龙头山，海拔1020米，雄伟壮观，山高脊尖，有五个山节儿。因为山节儿极像龙头，所以自古被当地百姓称为"龙头山"。明朝在五龙头山修筑长城时，在每个"龙头"上都建了一座城楼，从此人们就叫它"五座楼子"。据说，这五座楼子集中在石城后山，北起第一个楼子，是明朝一位叫李怀忠的将军夫人宋金香捐钱修建的。当年李怀忠监修石城口段长城，在与敌军交战时阵亡，将军夫人在悲痛之中，毅然将自己的两个儿子送到丈夫守卫的石城口从戎，她在此亲眼看到士兵和百姓正在修边墙、筑楼台。为报效国家，更为实现丈夫的夙愿，它将自家财产变卖，捐资修筑五座楼中的北起第一个楼台，这为黑山寺增加了传奇色彩。

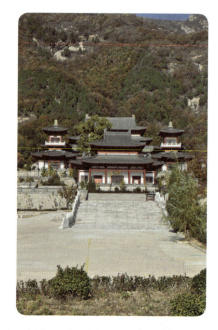

◆ 最经典的线路

一日游：
黑山寺村——大云峰禅寺——云龙涧风景区

北京美丽乡村休闲攻略

延庆县

北京最美的乡村
The Most Beautiful Village In Beijing

- 有个神话虫变龙——龙聚山庄

- 古色古香古村庄——岔道村

- 烽火幽谷栗花源——香屯村

- 一锅豆腐百里香——柳沟村

- 花果飘香溢京华——岳家营村

- 珠泉喷玉百花香——珍珠泉村

- 深山里的富裕村——玉皇庙村

延庆县

美丽乡村 玉皇庙村
美丽乡村 龙聚山庄村
美丽乡村 柳沟村
美丽乡村 珍珠泉村
延庆县
美丽乡村 岳家营村
美丽乡村 香屯村
美丽乡村 岔道村

有个神话虫变龙 龙聚山庄

（延庆县张山营镇）

最美点"睛"

　　什么是村庄？脑海里浮现的是泥泞的小路、简陋的农舍，是田野里一眼望去金灿灿的麦穗还是满山遍野郁郁葱葱的果林，亦或是乡间耕作归来的老牛和面朝黄土背朝天的农民？相信不管怎样，你都想象不到在我们身边会有这么一个乡村，一个比城市更像城市的霸气乡村——龙聚山庄！

　　还没到村口，远远地你就能望到一片色彩鲜明的别墅群呼应着蓝天白云，在青山丛中格外耀眼，绝对的气派！走进细看，完全没有村庄的感觉，要不是龙聚山庄四个大字的提醒，绝对会以为自己误入了哪个豪华的别墅区。一排排房子笼罩在阳光之下，色彩缤纷、形态各异，所有别墅没有两栋完全一样的设计，却又很和谐地相邻而处。迷你的城堡设计充满了异国风情，小桥流水的诗情画意又仿佛把你拉进一幅秀丽的江南古画之中。

　　茶余饭后，携上家人在林荫路上散步，阳光从枝叶繁茂的翠绿中漏下，虫儿欢快的鸣叫声不绝于耳，甚是惬意。清新的空气，动听的鸟鸣，初升的朝阳，寂静的夜晚，巧妙地融入山庄，不动声色。山庄本身是一个极具现代化气息的别墅群，没有农田，没有耕地，没有望不到头的果林，看似不具备京郊乡村旅游的优势，可真一到这，就会发现上天竟是如此地厚爱这座山庄：山庄背靠冠帽山，依山而建；京张公路和古龙路穿村而过，交通便利；山庄对面是秀美的妫川平原，光照充足；周边分布着石京龙滑雪场、龙庆峡、玉渡山、古崖居、松山原始森林等几大著名风景区。不管是精致华丽的别墅群还是得天独厚的自然风景，龙聚山庄都以其独特的魅力彰显着她的与众不同，绝对的高端、大气、上档次！

最佳攻略

◆ 最吸引人的活动

冬季滑雪

石京龙滑雪场规模宏伟、技术超前、设施齐全，项目丰富多彩。在阳光下，在白雪中，享受雪地大世界。

郊野休闲

垂钓、划船、棋牌、篝火晚会、户外拓展游戏等多种娱乐项目让我们充分地放松身心。

◆ 最好看的风景

千米环庄人工河

在山庄和山脚交界处有一处令人流连忘返的奇特景观，那就是千米环庄人工河。河宽9米、水深1.5米。河上建有三座汉白玉石桥，雕刻精美的小石狮蹲在桥栏两头甚是可爱。站在石桥上环顾左右，好像身在江南水乡。细看桥下河中水，水中倒影更美，天蓝如海，白云似玉。垂柳轻舞，百灵高歌。荷花雨后初绽，金鱼往来如梭。水在河中流，河在林中卧。不是天堂，却胜似天堂。这千米环庄河不仅美化了环境，湿润了空气，还能防山洪暴雨，确保山庄安全。

龙聚峡谷

位于山庄附近的龙聚峡谷，发源于海陀山，其水流随山势蜿蜒，有"古城九曲"之称，两边的崖岸之上，有镇山如来、石熊跳岩、九连洞、鸡冠山、金刚山、马蹄潭、将军岩、金刚寺遗址等奇峰怪石，堪称"塞外一绝"。龙聚峡谷为东西走向，上游是玉渡山景区的忘忧湖，下游是著名的龙庆峡风景区。尤其是龙庆峡，它既有塞外的雄奇，又兼有江南的秀丽，有"塞外小漓江"之称，可与桂林的漓江、长江的三峡相媲美，是北京十六景之一。行至其中，溪水蜿蜒、峭壁林立，十分妥帖的为你诠释"山穷水复疑无路，柳暗花明又一村"的豁然开朗。

北京美丽乡村休闲攻略

延庆县 龙聚山庄

◆ 最天然可口的饭菜

龙聚阁

位于龙聚山庄东面，是一家集餐饮、住宿、卡拉OK于一体的农家院，至今已有十余年的历史。这里主要以温泉、民俗为主要经营特色，是旅游休假的首选之地。

这里提供各式农家饭菜：火盆锅、虹鳟鱼、野味、柴鸡、柴鸡蛋、贴饼子、炖小鱼、山野菜、栗子焖肉、板栗烧翅中、柴鸡炖蘑菇、花椒芽、小菜团子等。其中最具特色的有：鲶鱼炖豆腐、贴饼子熬小鱼、松蘑炖柴鸡、玉米饸饹面、烤全羊、烤羊腿等。

◆ 最便捷的行程

🚌 公交：德胜门公交车站乘坐919路公交快车到达延庆汽车站，转乘920公交车到龙聚山庄。

🚗 驾车：从八达岭高速进延庆县城，沿去往张家口的公路行至山脚下转弯处。

古色古香古村庄

岔道村

（延庆县八达岭镇）

 最美点"睛"

岔道村，因位于八达岭向西、向北岔口而得名，曾经是八达岭外的第一道关隘，在很长的一段时间里，其居庸关要塞的作用都不容小觑。从村里出发，往东南1.5公里便是举世闻名的八达岭长城。与八达岭每天络绎不绝的热闹相比，岔道村更像是一位安静的阁楼姑娘，默默地守候着热闹中的这一片宁静。或许是数百年的沙场征战让她有点疲惫，现在只想细细珍惜这繁华落尽后的细水长流；亦或是四百多年的风雨洗礼，早已赐予了她淡泊恬静、宠辱不惊的优雅脾性。不管怎么说，不论是曾经的塞上雄关还是现在的休闲胜地，她那经由时间沉淀而来的神秘吸引力都深深吸引我们前去一探究竟。

进入岔道村，仿佛时光倒流一般，花岗岩石板路、城隍庙、关帝庙、清真寺、戏台、古驿站、客栈、四合院等文物古迹无一不在演绎着历史，诉说着它们古香古色的辉煌，或悲或喜。漫步其中，仿佛时间都慢下来许多，没有大都市快节奏的你追我赶，没有数不清的加班，也没有望不到尽头的拥堵，一切都慢慢地却又有条不紊地行进着……闲暇假日，三五好友，不妨过来转转，岔道不远，心很近。

最佳攻略

◆ **最好看的风景**

岔道明城

　　这是八达岭长城具有鲜明特色的景观。岔道周围山峦起伏，每当秋风习习之日，天高云淡，红叶满山，游人可尽情欣赏曾经是延庆八景之一的"岔道秋风"。

　　除此以外，城隍庙、关帝庙、戏台、古驿站等都是村中颇具特色的景点。另外，根据长远规划，村里将按照明清时期的格局，逐步恢复城中的古街道、古民居以及清真寺、衙署等古建筑，打造成为具有明清风格的古城旅游景区。

◆ 最天然可口的饭菜

　　来到岔道村，丝毫不用担心吃饭的问题，路边随处可见的农家客栈，随便走进一家都是一应俱全的现代化服务。菜单上虽然没有名贵的海参、鲍鱼，却都是村里的特色，农家八八席、延庆特色豆腐、纯正的新疆烧烤、地道的湘菜等都是不错的选择，即便是最普通的蔬菜，因为是地里新采摘来的，自然、新鲜，吃起来也是别有一番滋味。

◆ 最舒适的住宿

　　村里有不少古色古秀的明清四合院或农家小院，整洁卫生、价格适中，置身其中感受一下乡间的静谧与安详，定能让你度过一个与城里不一样的、安心的夜晚。

延庆县 岔道村

297

◆ 最便捷的行程

🚌 公交：德胜门乘919或小60路到八达岭中心车场
　　下，向北行800米。

🚐 自驾：八达岭高速至野生动物世界出口，向北行
　　800米。

◆ 最经典的线路

　　八达岭的夜长城、残长城的古战场、八达
岭野生动物世界、康西草原、马术俱乐部、八
达岭滑雪场等。

🕐 最佳参观时间：四季皆宜

☎ 电话：010-69121460

烽火幽谷栗花源

香屯村
（延庆县大庄科乡）

 最美点"睛"

　　在延庆县城50公里外有个依偎在长城脚下的小村庄，她始建于明末清初，至今已有390年历史。村内原有古庙，据传当时香火旺盛，常年香烟缭绕，故此得名：香屯。

　　香屯坐落于群山环抱之中，村落与自然巧妙地融为一体，景色宜人，植被覆盖率高达98%。村子不大，总共只有20几户人家，不足百口人，没有耕地，以传统的林果业和新兴的乡村旅游业为主。满山的果林把村子装点得郁郁葱葱，生机无限。

　　村内有山泉一处，名曰香泉，常年流水不断。泉水四周，三季花香，甚是迷人。走在乡间，听到的是鸟语、鸡鸣、狗吠，看到的是青山、绿水、大片的果林。放眼望去，群山苍翠，古长城在山峰间时隐时现，蔚为壮观，夜色的笼罩之下却又凭添了几分物是人非的沧桑。

　　栗花飘香的香屯，世外桃源般地隐逸于山间，历史悠久、民风古朴，青灰色的房屋三三两两地点缀在群山之中，加之古长城、苍天古树的独特点缀，周边还有景色秀美清幽的旺龙潭大峡谷、巨石深潭的巧妙搭配，绝对是人们追忆往昔、返璞归真的绝好去处。

最佳攻略

◆ 最吸引人的活动

　　香屯村的旅游资源十分丰富，南临十三陵，北靠莲花山，西连石缝山，村后有峡谷龙潭，西北是红色旅游第一村。看古长城，爬莲花山，游大峡谷，吃保健餐，都是不错的选择。不管是携家带口的采摘还是呼朋伴友的登山，香屯都是近郊旅游的理想去处。

　　另外，村里还筑有许多鱼塘专供游人垂钓，青山掩映，流水潺潺，别有一番滋味。

◆ 最好看的风景

残长城

　　残长城全长4057米，系明代所建，有空心敌台13座，均为砖石结构，城墙下有三层共约1.2米高的花岗石底座。长城虽然残缺不全，但在山头观望，云在头上过，雾在脚下飘，长城在层林尽染的山上蜿蜒穿过，显现出了它无尽的雄伟壮丽。

大峡谷

　　黑龙大峡谷与莲花山景区紧密相连，谷长5公里，峡谷以巨石、溪流、悬崖、峭壁为主要景色。谷内石壁参天，谷底流水潺潺，野径曲折幽深，遍布奇石碧潭，是旅游探险者的绝好去处。

千亩板栗园

　　该村有千亩板栗采摘园，位于村后长城下，层层梯田随山就势，波浪绵绵。板栗品质极好，走进栗园，放眼望去，茫茫栗海，一望无际。

◆ 最天然可口的饭菜

香屯村盛产野菜，达数十种之多，村民用天然绿色原料制成生态保健餐，对于高血压、高血脂、高血糖等疾病起到了很好的预防和保健功效。其中，有和胃的炖大菜、降血脂的玉米面摊黄和降血糖的木兰菜，还有益气补肾的栗子鸡、清热补脑的炸河鱼、健胃除湿的香椿拌豆腐、补钙护发的核桃仁、清热解毒的凉拌山豆根等。保健餐的推出既迎合了人们体验民俗、乐在农家的心理，又对人们的身体健康起到了良好的保健作用。

香屯村另有秘制烤全羊大餐可供游客品尝。

◆ 最乡土的特产

香屯村盛产板栗、核桃、红果、蜂蜜、杏核，品质精良，其中尤其以板栗为主，有千亩板栗采摘园，园内有300多年的古栗树1000余棵，是典型的板栗专业示范村。

◆ 最便捷的行程

🚌 公交：1. 在昌平东关乘925路公交车在解字石下，顺沟走1.5公里即到。

2. 在延庆县乘925路公交车在解字石站下，顺沟走1.5公里即到。

🚗 自驾：北京市区北三环马甸桥上八达岭高速公路行至昌平西关环岛下道，沿108国道（昌赤路）解字石村沿路标走1.5公里即到。

◆ 最经典的线路

看古长城，爬莲花山，游大峡谷，吃保健餐，享受古韵香气。

☎ 电话：15910374134

柳沟村

一锅豆腐百里香

（延庆县井庄镇）

　　距延庆县城15公里外，有个以"豆腐宴"而闻名京郊的村庄——柳沟村，因为这个西山上的小沟子远远看去像一条条柳叶，故此得名。村子在明清时期为屯兵驻地，至今保留有城墙、城门、古庙等遗迹。据说古城完整时，站在村外山上俯瞰，村庄形似一只展翅飞翔的凤凰，因此又被称为"凤凰城"。这座凤凰城，不靠山不临水，没有太多令人神往的绝佳美景，却仅仅凭借一块块再平常不过的豆腐做成的豆腐宴而声名远播。

　　十多年前，柳沟村依托豆腐资源和明代古城遗址条件，开发乡村旅游产业，迈上了发展乡村旅游艰苦创业的历程，推出了"凤凰城——火盆锅——豆腐宴"的旅游模式，开创了特色农家餐饮服务业。柳沟的火盆锅由传统习俗演变而来，因烹制方式和口味的特别而出名。火盆锅豆腐宴由一个主锅——火盆烧碳、三个辅锅、三个小碗、六个凉菜，荤素搭配而成。以素食为主，拼凑起三羊开泰、四季平安、六六大顺的吉利寓意。主食以农家的粗粮为主：贴饼子、炸油饼、煮玉米、蒸菜团、驴打滚、红豆饭。豆腐是整个宴席的绝对主角，颠覆了"小葱拌豆腐，一青二白"的传统色彩，这里的豆腐颜色缤纷、用料讲究，主要由黄豆、绿豆、黑豆研磨而成，作以新鲜的蔬菜汁，独具特色。让我们闭上眼睛遐想一番：寒冬腊月，邀上三五好友，叽叽喳喳地围坐在热气腾腾的圆桌面前，桌上各种颜色的磨豆腐、冻豆腐、炸豆腐，配上劲道的土豆粉和香喷喷的熏肉，在火苗的催促之下慢慢翻滚，开锅后掀起盖子，一股热气扑面而来，诱人的香味放肆地挑战你的味蕾。小心翼翼地夹起一块磨豆腐，滚烫的温度加上那嫩滑细致的口感，瞬间赶走了所有的严寒……

●●● 最佳攻略

◆ 最吸引人的活动

近年，柳沟村大力发展旅游业，村边的荒地、果园大都被开发改造为采摘园供游人采摘。现在，人们到柳沟村旅游，不仅可以品尝到舌尖上的美味，还可以亲身体验采摘草莓、苹果、葡萄的乐趣。

☎ 联系电话：13910628967

◆ 最好看的风景

村子正在积极有序地进行城内古建筑、古迹的恢复性建设工作，在对古井、魁星阁、古城门、古城墙和城隍庙等进行保护性修缮的同时栽种了大面积的五彩菊和鸡冠花，并且种植了40亩艾草园，建立起了"艾草堂"养生馆，这可是柳沟除了豆腐宴之外的另一大特色，绝对让你大饱眼福！

◆ **最天然可口的饭菜**

在柳沟吃豆腐，吃的是健康、自然和那份加入心思的与众不同。村子里有十几口明朝的古井，用古井水做出来的豆腐，味道绝对不是一般豆腐可以比拟，再加上手工研磨，浓浓的豆香很好地蕴藏在豆腐之中，更是远胜于机器制造的冰冷生硬。营养而美味的磨豆腐，没有太多的花哨，只是很温存地把细腻的心思融入那平凡的小方块之中，让人不自觉地回忆起食物不那么玲琅满目的童年时光，别有一番温情。

强烈推荐：火盆锅豆腐宴，点10余种配菜💰 大概30元/位。

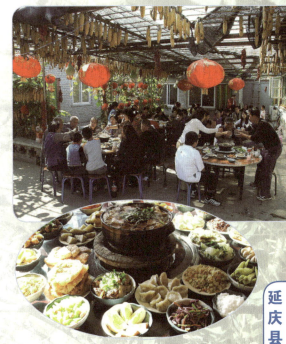

◆ **最乡土的特产**

柳沟不但有美食，还有一种唤作"柳下醉"的美酒，光闻其名，已先醉了三分。这种民俗专用酒还获得"京郊新农村建设十佳创意"奖，好这口的朋友们绝对有口福了。

另外，村子旁边有个土特产小市场，村民们会将本地出产的野山枣，还有切成片晾干的海棠等山货拿出来卖，价格便宜纯天然。

◆ **最舒适的住宿**

村里民俗旅游接待颇具特色，随便走进路边一家农家院落，老照片、仿古花瓶、仿古字画和年画比比皆是。村里的民俗接待户很多，价钱便宜又古色古香、干净卫生。

💰 床位约20元/位，4人间在50—100元/间

延庆县 柳沟村

305

◆ 最便捷的行程

🚌 公交：德胜门公交车站乘坐919路公交快车到达延庆汽车站，转乘920公交车可达柳沟，半小时一趟。

🚗 驾车：八达岭高速营城子出口，延庆县城永宁方向，南老君堂路口左转。全村有10余家特色垂钓园。

花果飘香溢京华

岳家营村
（延庆县大榆树镇）

最美点"睛"

　　岳家营村位于延庆县城正南3公里处，距八达岭快速路和延康公路仅0.5公里，地理位置优越，交通便捷，水利基础设施条件好，是京城有名的花卉产业基地。初到岳家营，满眼的绿植鲜花让人仿佛置身四季如春的花城一般，美观的民居外墙、整洁的大街小巷，无一不彰显着花乡的新貌。

　　从2002年开始，村里多元化发展定单农业，先后拿到大葱、西洋参、绿芦笋三个产业订单，带动农民增收致富。之后，又紧密结合新农村建设，修建了数十栋温室大棚，试种盆栽草花。由于该村土壤适宜种植花草花，加上村里注重科学培育，使得短短十年间，花卉种植业成为村里的主要产业之一。如今，成片的花海妆扮着这个玲珑的小村庄，也妆扮着偌大的北京城，要知道，从岳家营出去的鲜花主要是运送到市里的天安门广场、颐和园、军事博物馆、世纪坛等大的公园和景点，富了村子，更美了城市。

　　日渐富裕的岳家营以其花香四溢的美景吸引了许多游客前来观光，完善的服务设施总能让你找到自己想要休闲的方式。不管是住在水上别墅枕着潺潺的水声入眠，还是歇在淳朴的农家小院任凭鸡鸣狗吠唤你起床，在这个远离城市钢筋水泥的冰冷，远离闹区灯红酒绿的喧哗的小村庄，我们总能找到遗失很久的舒心和惬意。

◉◉◉ 最佳攻略

◆ 最吸引人的活动

来岳家营旅游，一定不能忽视义和庄园，这个连名字都透露着阵阵豪情的度假村绝对让你不虚此行。义和度假村集餐饮、住宿、会议、培训、娱乐多功能为一体，并配套有春季植树、土地领养、自助种植、真人CS、篝火晚会、自助烧烤、卡拉OK、旅游等娱乐项目，吃、喝、住、玩一条龙服务应有尽有。

◆ 最好看的风景

村里花卉成规模种植，花开时节，村子成为花的海洋，置身其中，花香醉人。除了村子里的花香四溢，周边八达岭、龙庆峡、康西草原景区的风景也同样令人无限向往。

✺ 最佳参观时间：春、夏、秋

◆ 最天然可口的饭菜

　　村里为了满足特色餐饮消费的需求，建起了特禽养殖区，养殖5000多只野山鸡、珍珠鸡、火鸡等，这些都是游客们餐中的特色美食。

　　从2007年开始，岳家营村把村南的10亩荒滩建成了建筑面积2400平米的温室生态餐厅，一次可接纳食宿客人400人。

◆ 最乡土的特产

　　说到岳家营的特产，大棚花卉和有机蔬菜绝对地当之无愧。全村共兴建了400余亩的设施大棚和温室，种植大棚花卉和有机蔬菜，供应深圳、上海、湖南等地市场以及日本、韩国等国家。村里为了鼓励村民种植大棚花卉和有机蔬菜，成立了"百物生产销合作社"，负责帮村民购买种苗及产品销售，村民只需一门心思搞生产。以前，没有产业的村民都爱外

延庆县 岳家营村

出打工。如今，全村近200名劳动力八成留在村中种菜养花，一到收获的季节，有时还要到邻村雇人帮忙。近年，村民又看上了高端花卉市场，在大棚里种起了鲜切菊花专供日本，这些高品质的鲜切菊花每年为村里盈利近40万元。不仅如此，细数一下不难发现，村里平均每户都有两个温室大棚，春季夏季种土豆、西红柿，秋冬季节种油菜、菠菜。村民们看好市场，通过种植反季节蔬菜，平均每个棚的纯收入就有1万多元。

◆ 最舒适的住宿

义和庄园度假村内有陕西窑洞35间、别墅、充满民俗风情的农家小院若干，可接待100余人住宿。

¥ 价格：普通标间是168/天。
湖岛上的标间288/天，套间508/天，房费都包含早餐、划船等。

◆ 最便捷的行程

🚋 公交：从德胜门乘坐919路公交车到东杏园车站下车向西走500米即到。

🚌 自驾：从德胜门往八达岭高速路营城子收费站出，延庆城区方向5公里路北。

珍珠泉村

珠泉喷玉百花香

（延庆县珍珠泉乡）

最美点"睛"

　　几年前一部《一帘幽梦》让法国东南部的小镇普罗旺斯迅速成为中国年轻人心中的浪漫殿堂，主角们浪漫地徜徉在一望无际的薰衣草花海中，闭上眼睛，细细嗅来，仿佛空气都是甜的。身处闹市的我们，是否也私下小做过这么一个美梦：带上爱人，简单无忧、轻松闲适地在紫色海洋中漫步，去留无意地静观天外的云卷云舒？清风拂面，微微辛辣的香味混合着山谷的翠绿芬芳，再多的言语都黯然失色，再多的生活桎梏都不自觉地逃去了九霄云外……这是一个梦，却不那么遥不可及。在我们的身边就有一个触手可及的普罗旺斯——珍珠泉！

　　珍珠泉村得名于一口奇泉。相传，村里共有五个泉眼，泉水甘甜可口，水量充沛，泉中游弋着两条金色的奇鱼。突然有一天金鱼被恶人盗走，泉水顷刻干涸。村民的生活日渐穷苦，于是向天祈祷。神仙金蟾被百姓感动，于是挥镐破土，泉水立即翻滚而出，珠光四溢，村民视之为宝泉，便在泉中留放了一对金蟾蜍，每待五更金蟾鸣叫时，泉水就喷起数丈，甚是壮观。泉水恒温14度，水深丈许，却碧清见底。经国家环保局认定，泉水为天然优质矿泉水，直接饮用可以延年益寿。因为常年饮用泉水，村里人大多体魄强健，冬夏极少发生肠道疾病。

◆ 最好看的风景

留香谷香草园

    这个位于延庆县东部的小村庄，美的可不仅仅只是泉水。从县城出来一路向东，蜿蜒的乡间柏油路、遍地可见的朵朵鲜花，空气中夹杂的阵阵花香，蜂蝶轻舞，仿佛置身北欧的乡间，可如此的美景在珍珠泉留香谷面前也只能甘当配角。

    留香谷香草园占地400亩，是一座以薰衣草、马鞭草种植为主的世外桃源。山谷四周元宝型的环状山峦紧密环绕，清澈的河水穿谷而过，谷里薰衣草放肆地美艳着。这种来自古波斯地区的植物以其优雅的淡香而享有盛名，更因其花语是"等待爱情"而备受年轻人的喜爱。紫色的花海，扑鼻的清香，茵茵的绿草，嗡嗡劳作的蜜蜂，还有可爱的丘比特、爱情大风车、圣洁的罗马柱、异国风情的小木屋，你将完全置身于京北山区普罗旺斯的浪漫美景之中，更为新婚恋人的婚纱照增添了一份异域的温馨与浪漫。选个好天气，饮泉赏花，体味普罗旺斯的慵懒与甜美，岂不妙哉？

💰 门票价格：30元/人
⏱ 留香谷开放时间：7月—10月
   营业时间：7:00-18:00
☎ 电话：13552754650

◆ 最吸引人的活动

　　不管什么时候过来，都能让你不虚此行：春季徜徉于山花烂漫中，尽情地采摘各色不知名的野花；夏季喝上一口清甜的珍珠泉水，独钓菜食河；秋季漫山的李子、山葡萄、山枣和雨后的鲜蘑菇任人采摘；冬季畅游雪国冰原，滑冰车、打冰陀螺、爬雪山、看雪景、堆雪人、打雪仗，还有那乡土的高跷、大秧歌表演……

◆ 最天然可口的饭菜

　　在这里，您可以品尝到清香原味的香草餐、农家饭，山野菜和野山菌是城里有钱也难买到的美味，柴鸡、柴鸡蛋，特别是珍珠泉鸭蛋更是别有风味。河边的烤肉串、烤鸡翅、烤鱼等各种烧烤独具特色，美景的陶醉，劳动的喜悦，欢声笑语久久回荡……

◆ 最舒适的住宿

除了浪漫的花海，珍珠泉还是远近闻名、以垂钓、餐饮、住宿、度假为一体的休闲农庄，村内共有20余家民俗户，主要以农家院为主。农家院内，院落整洁优美，房间设有普通间、火炕等，内有电视、风扇、卫生间等设施。同时，村内还有设施更为现代化的宾馆式农庄，珍珠泉山庄，农家渔村、天香源都是不错的选择。

◆ 最便捷的行程

🚌 公交：德胜门乘919快车到延庆南菜园换乘925支1到珍珠泉。

🚐 自驾：德胜门——京藏高速——延庆城区出口——京张路向东——延琉路——刘斌堡——四海——珍珠泉。

◆ 周边景区景点

珠泉喷玉主题公园、齐仙岭风景区、绿荫溪谷休闲农庄、彩石滩湿地公园。

玉皇庙村

深山里的富裕村

（延庆县张山营镇）

最美点"晴"

　　玉皇庙村位于玉渡山脚下，距延庆县城9公里。这座历史悠久的小村庄，因明宣德年间的玉皇庙而得名，全村仅60几户人家，村子虽小，却有着得天独厚的自然资源：背靠玉渡山，前眺官厅水库，东有龙庆峡，西临古崖居、松山风景区，村子北面还有山戎族古墓遗址，一条旅游观光大道古龙路从村前经过。村内主导产业为民俗旅游和果品生产，特色民俗泉水豆腐远近闻名；传统名果"玉皇李子"色泽鲜亮，口感细润，每每上市，供不应求；葡萄产业正向创意文化产业转化，葡萄采摘效益不错，葡萄酒庄的建设更是颇具规模。本着"食天然野菜、息农家小院、体田园生活"的服务理念，村里开始发展规模化民俗旅游业，成为远近有名的民俗旅游村。

　　走进玉皇庙村，给人的第一印象是无比的开阔和干净，不管是简单大气的村口建筑还是规划得整整齐齐的民房和一尘不染的街道，都给人一种远离闹市的敞亮。湛蓝的天空下阳光温暖地笼罩着，鸡鸣犬吠也变得和谐悦耳起来。沿着村子深处走去，一路上凡是在房屋的墙上写着某某家的便是村里的民俗户，也就是我们游人常说的农家乐，粗略数数，也已经有三四十家之多。特色农家菜有水豆腐、山野菜、土鸡炖蘑菇等，其中，水豆腐大都为现场制作，采用传统石磨工艺，既能品鲜美的水豆腐，又能观赏传统的石磨工艺。如果你有兴趣，甚至也可以自己亲自动手制作。

●●● 最佳攻略

◆ 最美吸引人的活动

游玉渡山风景区

这里地处深山、远离尘嚣、人迹罕至、风景秀美，环境清幽。隐逸其中，别有番身居桃源的感觉。

山戎墓陈列馆

这里是著名的山戎族古墓遗址，记载了许多不一样的墓葬方式和殉葬习俗，充满古老的神秘色彩。

罗曼尼酒庄

是集休闲、度假、品酒于一体的现代农业基地。另外，村里栽植了百亩有机葡萄，是采摘的绝好去处。

◆ 最天然可口的饭菜

泉水豆腐

农家乐里村民们自家种的原生态蔬菜备受游人追捧，大家吃着自己亲手从园子里摘来的蔬菜瓜果，总是觉得格外的新鲜清爽。可是，最为神奇的还要数村里的招牌菜——泉水豆腐了。几捧黄豆，加上从山里打来的山泉水，用石磨磨成豆浆煮开后点上卤水，将其盛满竹篦子，自然过滤掉水分之后，水水嫩嫩的水豆腐就呈现在大家眼前了。水豆腐介乎一般豆腐与豆腐脑之间，比豆腐脑老些，比豆腐嫩些。每人盛在小碗内，浇上卤，根据自己的爱好，可蘸上韭菜花、虾酱、香菜、葱花、辣椒等作料细品其味。舀一勺放入口中，不像豆腐那么挺实，又不似豆腐脑那样软嫩，恰到好处的味道，一个字：爽！

北京美丽乡村休闲攻略

◆ 最乡土的特产

玉皇李子

不似一般李子那样红得诱人，而是呈低调的黄绿色；个头较大，与其说是李子，其实外形长得更像桃子一般；味道甜而不腻，带着一股独有的清香。数百年前，它曾经是专供皇室享用的贡品，现在每到果品成熟季节都供不应求。随便打听，就能听村里老阿婆细细碎叨它的美好：那种李子好吃啊，比冰糖还甜，清甜清甜的！或许在老人家看来，冰糖就是甜的化身了，那么这种比冰糖还甜的李子，又该是怎样一番滋味呢？

◆ **最便捷的行程**

🚌 公交：从德胜门乘919路公交快车到延庆站下车，换
乘开往张山营方向的920公交车至玉皇庙。

🚐 自驾：从八达岭高速进延庆县城，沿去往张家口的
公路行至山脚下转弯处。

◆ **周边一日游景点**

龙庆峡、山戎墓、玉渡
山、松山、古崖居。

北京美丽乡村休闲攻略

2006—2012 "北京最美的乡村" 提名村

海淀区　温泉镇白家疃村　四季青镇曙光村　温泉镇温泉村

丰台区　卢沟桥乡小屯村

门头沟　斋堂镇灵水村　潭柘寺镇赵家台村　龙泉镇琉璃渠村　清水镇八亩堰村

房山区　阎村镇二合庄村　长沟镇坟庄村　韩村河镇韩村河村　良乡镇后石羊村
　　　　蒲洼乡东村　琉璃河镇贾河村

通州区　于家务乡仇庄村　马驹桥镇小周易村　西集镇史东仪村　永乐店镇应寺村

顺义区　北务镇珠宝屯村　马坡镇白各庄村　南法信镇东杜兰村　北石槽镇西赵各庄
　　　　大孙各庄镇吴雄寺村　牛栏山镇龙王头村　北务镇于地村

昌平区　南口镇花塔村　南口镇李庄村　南口镇羊台子村　南邵镇官高村
　　　　兴寿镇湖门村　兴寿镇麦庄村　流村镇长峪城村　十三陵镇上口村
　　　　十三陵镇下口村

大兴区　长子营镇北蒲洲营村　采育镇东半壁店村　礼贤镇黎明村　安定镇杜庄屯村

怀柔区　长哨营乡项栅子村　长哨营乡七道梁村　雁栖镇官地村　雁栖镇神堂峪村
　　　　渤海镇庄户村　杨宋镇花园村　宝山镇超梁子村

平谷区　南独乐河镇北寨村　刘家店镇前吉山村

密云县　冯家峪镇番字牌村　太师屯镇令公村　石城镇王庄村　石城镇贾峪村
　　　　古北口镇河西村　石城镇水堡子村　石城镇黄土梁村

延庆县　永宁镇上磨村　八达岭镇小浮坨村　千家店镇古家山寨村　千家店镇下湾村
　　　　四海镇南湾村　旧县镇盆窑村

美丽沟域耀京华

北京山区面积1.04万平方公里，占全市总面积的62%。上世纪末本世纪初，伴随着北京市矿山关闭和产业转型的调整，山区农民逐步探索出了一条符合山区自身发展实际的沟域经济之路。沟域经济发展以保护生态环境为前提，以提高市民幸福指数、增加山区农民收入为目标，着力建设"山会招手、水会唱歌、树会说话"的美丽新山区，目前已经形成了一批诸如延庆百里山水画廊、怀柔天河川、密云司马台雾灵山国际休闲度假区等标志性名沟，欢迎市民到沟域体验观光度假。

1. 燕山绿谷·丰饶之角（房山区南窖乡）

位于房山区南窖乡，平均海拔高度754.9米，植被覆盖率达70%以上，创造性的发展"高山立体现代农业"循环发展的新模式。沟域内有金杏湾红酒庄园、花港九九桃王采摘园和中国文化历史名村——水峪村，已有六百多年历史，现存古宅百余套，房六百余间。古碾128盘，还有远近闻名的古中幡，27.5公里长的古商道。

2. 仙栖谷（房山区张坊镇）

沟域内旅游资源丰富，有仙栖洞、龙仙宫、五星峡、红叶大峡谷、穆柯寨、清江九龙潭、七彩庄园、乐谷·银滩旅游度假区、金鸡岭生态观光园、蜜蜂文化产业园等众多景区景点。仙栖洞是国家级AAA景区，被称为"北京的人间仙境"，洞内岩溶景观千姿百态、形象逼真，实属罕见。

3. 上方花海（房山区韩村河镇）

位于房山区韩村河镇，依托上方山国家森林公园和天开塔、天开花海、北京龙门生态园、天开寺等自然、历史景观，打造集"吃、住、行、游、购、娱"为一体的现代旅游集聚区。上方山国家森林公园是华北地区唯一一片保存最好的原始次生林，天开寺是释迦牟尼佛骨舍利出土的圣地。

4. 妙峰山沟域（门头沟区妙峰山镇）

位于门头沟区妙峰山镇，自然景观资源丰富，有近万亩玫瑰园、妙峰山、滴水岩等，滴水岩位于妙峰山西南的峡谷深处，明清以来是宛城八大胜景之一。存有仰山寺、道教庙宇灵官殿等自辽金至清代不同时期历史遗迹。民俗文化深厚，主要有妙峰山庙会，金顶惠济祠庙宇建筑群集佛、道、儒和民间俗神于一体，早在400余年前就形成了盛况空前的进香庙会，是北京市著名的旅游风景区。沟域内的樱桃沟村的大樱桃、担礼村的京白梨被确定为北京市唯一性农产品。

5. 达摩沟域（门头沟区清水镇）

地处门头沟区清水镇，生态环境优美，沟域内有北京最高峰灵山自然风景区、百花山国家级自然保护区、龙门涧风景名胜区；文化底蕴丰厚，有达摩祖师弘法传道的佛教文化遗址，山神庙、土地庙等民俗旅游资源，焦若愚办公室旧址、抗日遗址等红色文化旅游资源。

6. 田庄沟域（门头沟区雁翅镇）

地处京西雁翅镇，交通发达，形成了以京西山区中共第一党支部纪念馆为代表的红色游、以苇滋水明清古村落为特点的古民居游、以香椿为标志的特色农产品采摘游、以辽代白瀑寺景区为主的宗教文化游等。现存的非物质文化遗产有蚯子鼓、蹦蹦戏等，2013年村民自演的踢踏舞《永定河畔的大河之舞》登上北京春晚，得到观众好评和媒体的广泛关注。

7. 西峰古道（昌平区流村镇）

西峰古道沟域位于昌平区流村镇，地处太行山与燕山余脉的交汇处，具有独特的自然地域单元和气候特征。有棋盘山、黄花坡、白羊沟、菩萨山、长峪城风景区和老峪沟千亩中山草甸等；汇集多个朝代和近现代大量的文物古迹，如秦朝的黄楼古长城，宋代的杨六郎金枪井、穆桂英望儿坨，明朝的白羊城、长峪城城墙遗址和清朝的庆王陵遗址等。

8. 延寿沟域（昌平区延寿镇）

延寿沟域位于昌平北部山区延寿镇，是距市中心一小时生活圈内，迎寿园、顺寿园……环山而入的一路上，蜿蜿蜒蜒的拐弯处以"寿"字命名的节点有17个，主打"寿文化"。沟域里有始建于辽金时期的延寿寺，以奇松、清泉、古刹、古塔、山岳、林木等人文、自然景观而驰名，还有明清"燕平八景"之一的银山塔林及大杨山森林公园、佛寿山等。

9. 十八弯（平谷区黄松峪乡、镇罗营镇）

位于平谷区黄松峪乡和镇罗营镇，沟域风光秀美，鸟语花香，奇石林立，溪水流淌，有以京东大溶洞、石林峡、飞龙谷、千佛崖、湖洞水等景区为代表的奇山、湖泊等自然风光，有黄松峪水库、山水放歌汽车营地等水上、户外休闲娱乐区，有中国山水画研究院、木版人俱乐部、武林外传影视基地等文化艺术机构，被誉为"生态休闲谷"。

10. 丫髻山道教养生谷（平谷区刘家店镇）

位于平谷区刘家店镇，沟域内有盛誉京东的丫髻山，集自然风光和道教观院为一体，距今已有1600余年历史，每年一度的丫髻山道教文化节吸引众多游客前来祈福。位于丫髻山旁的神桃峰从天而降，千百年来任凭风吹雨打，地动山摇，却悄然屹立，堪称奇景。每年一度的丫髻山道教文化节吸引众多游客前来祈福。

11. 九里山沟域（平谷区熊儿寨乡）

位于平谷区熊儿寨乡，沟域内北京名山四座楼是高级动植物自然保护区，四座楼麻核桃也远近闻名。三羊古火山风景区，是北京乃至全国最古老的火山之一，为北京地区所独有，被市旅游协会评为"北京自然奇观景区"。老泉山野公园具有神秘传奇的人文色彩和独特的自然景观。

12. 天河川（怀柔区宝山镇、汤河口镇）

地处怀柔区宝山，汤河口镇，首都重要的水源涵养区与保护地，沟域内天河汇入白河，素有"塞外天河富宝山"之美誉，2500公顷的龙门店森林公园与喇叭沟门原始次生林相接，物种丰富。来这里可以品尝"天河兔宴"、"白河鱼宴"，打造出了"南天观澜"、"天门潭月"、"北湾浣溪"、"牤牛岚壑"、"盘道瑶台"、"白河翠堤"、"鱼岛烟树"、"幽谷鹂歌"等八个景观，展示出"悠然山水湾，醉美天河川"的画卷。

13. 满韵汤河（怀柔区汤河口镇、长哨营乡、喇叭沟门乡）

地处怀柔区长哨营和喇叭沟门满族乡，是北京市仅有的两个整建制满族乡，拥有360多年的满族文化底蕴，这里有神秘色彩的喇叭沟门原始次生林，有京地区罕见的云海，有保留了大量历史遗迹的凤凰台，有北京地区绝无仅有的暑期冰川，有在西伯利亚才可看到的千亩白桦林。

14. 司马台·雾灵山国际休闲度假区（密云县古北口镇、太师屯镇、新城子镇）

位于北京市密云县的东北部，跨古北口、太师屯、新城子3镇，沟域内古长城横亘东西，烽火台林立，古堡、关口众多，著名的司马台长城就位于区域内的司马台村。海拔2118米的雾灵

山，俯视京畿，堪称京东第一高峰。新城子镇的万亩红富士苹果为北京之最，古北口镇的香草在无数年轻人中有众多拥趸，汤河边的垂钓园虹鳟锦鲤让众多游人流连忘返，已建成古北水镇、司马台长城景区、雾灵山龙潭景区、云岫古自然风景区、紫海香堤艺术庄园等30余家景区。

15. 酒乡之路（密云县巨各庄镇）

位于密云县巨各庄镇，北纬40度37分，拥有最适应葡萄生长的地理优势，是世界上为数不多的大规模葡萄种植基地，有鲜食葡萄1000亩，酿酒葡萄2000亩，国际四大酒庄之一张裕爱斐堡就坐落在该镇，天时地利人和，将密云"酒香之路"的梦想与现实联系的更紧密。有葡萄观光采摘园、蔡家洼玫瑰情园、聚陇山休闲农业生态园、首云国家矿山公园和北京张裕爱斐堡国际酒庄旅游景区，国际酒庄是国家AAAA级旅游景区、全国休闲农业与乡村旅游五星级园区、中小学生教育基地、北京市科普教育基地。

16. 四季花海（延庆县刘斌堡乡、珍珠泉乡、四海镇）

位于延庆县东部，涉及刘斌堡、四海、珍珠泉3个乡镇，沟域内环境优美、空气清新，水资源丰富，拥有九眼楼、凤凰驼、西沟里原始次生林等众多自然景观以及珠泉喷玉、齐仙岭等历史文化遗迹。花开时节，山上郁郁葱葱，山下争奇斗艳，10大花卉产业园区万亩鲜花尽情绽放、姹紫嫣红，处处流淌着浓郁的花香。

17. 冰川绿谷（延庆县大庄科乡）

沟域森林覆盖率高，有着森林氧吧的美誉；沟域内有花岗岩地貌的雄伟山峰莲花山、奇特秀俊的双秀峰、巍峨挺拔的燕羽山、白龙潭冰臼、旺龙潭大峡谷；沟域内历史文化厚重，有明代的残长城、辽代冶铁遗址等。

18. 百里山水画廊（延庆县千家店乡）

位于延庆县千家店镇，北京市首家"镇景合一"的大型国家4A级旅游景区。风光旖旎的白河谷地和壮美的黑河峡谷孕育了神奇的硅化木群、峻秀的滴水飞瀑、神秘的乌龙峡谷、庄严的朝阳寺、古老的关帝庙和葱郁的大滩原始次生林等丰富的旅游资源。四季景色变幻如画，是名副其实的避暑胜地和绿色氧吧。现有硅化木群、乌龙峡谷、滴水壶等6大景区以及小昆仑山、大滩自然保护区、千亩葵海、万亩茶园、燕山书院等众多地质科普和自然

人文景观。2011年7月，沟域内发现了大批恐龙足迹化石，距今约有1.5亿年，是世界上首都圈唯一的恐龙记录。

北京最美乡村路

　　由中共北京市委农工委、北京市交通委路政局指导，北京交通广播（103.9）主办的"北京最美乡村路"宣传评选活动，自2012年创办以来，通过实体的乡村道路，将"北京最美的乡村"等自然人文景观串成一条条精美夺目的"项链"，奉献给全市人民。让物质生活越来越富足的人们，通过品味新鲜果蔬和乡村美食、欣赏自然山水和乡村美景、走进历史人文和乡村风情，回归自然、放松精神、愉悦身心，将日渐幸福的好生活进一步升级。2013年度评选工作正在进行中。

2012年度北京最美乡村路

1. 延庆县百里画廊·四季花海（暨滦赤路—四宝路）

　　这条路将"百里山水画廊"和"四季花海"景观连成了一体。"百里山水画廊"以典型、稀有、珍贵的硅化木群为主体，是全国第一家涵盖全镇范围的大型国家4A级旅游景区；"四季花海"涉及3个乡镇、总面积375平方公里，环境优美、空气清新、水资源丰富，拥有众多自然景观和历史文化遗迹。

2. 平谷区十八弯景观大道（胡关路）

　　自高处俯瞰，可见一幅九曲十八弯的山村道路新景象，沿途有张家台、玻璃台、雕窝等"北京最美的乡村"和京东大溶洞风景区等多处景观。这条路还是联通镇罗营镇和黄松峪乡的唯一一条公路，结束了两个乡镇相邻却需要绕行70多公里才能互通的历史。

3. 密云县云蒙风情大道（密关路-琉辛路）

　　这条路南起溪翁庄镇，北与怀柔区交界，位于密云水库西侧，依山傍水，沿线有以"北京最美的乡村"石塘路村、黑山寺村为龙头的10多个民俗村及享誉京城的"密云水库鱼街"等。这条路四季皆有美景：春看杏花飘雪、夏闻栗花幽香、秋品满山彩叶、冬赏皑皑白雪。

4. 房山区霞云岭乡四马台村白草畔旅游景区路

　　这条路全长20公里，位于霞云岭国家森林公园之内，海拔2161米、四季景色分明，素有"清凉世界、天然氧吧"的美称，是北京地区最大、平均海拔最高的亚高山草甸，山高、林

北京美丽乡村休闲攻略

密、谷深、花香，沿途景观独特。赏景之余，还可以住农家别墅，品农家饭菜，尝新鲜山果。

5. 通州区北运河左堤新路

这条路全长约8公里，沿运河修建，是通往通州运河森林公园和漕运码头的必经之路，沿线有"北京最美的乡村"大营村和沿河10村绿链穿珠景观，各种树木多达15万株。漕运码头自东汉起修建，具有悠久的漕运文化历史底蕴。

6. 丰台区长青路

这条路全长近9公里，起点位于京周路，终点到青龙湖5号路，沿线有"北京最美的乡村"南宫村，世界地热博览园、八一制片厂影视基地、青龙湖郊野休闲度假区等景点如珍珠般闪耀其间。道路两旁景色四季不同，既是一条致富路，也是一条宜人养生的温泉路。

7. 门头沟区灵山路

这条路直通全市最高峰——灵山，全程15公里，沿途有"北京最美的乡村"洪水口村，地域特色鲜明的西藏生态园诠释着西藏的民俗风情和人文景观。道路养护到位，徒步、自驾、公交、骑行都很便利，旅游资源十分丰富。

8. 顺义区白马路

这条30公里长的道路西起京承高速、东至国际鲜花港，被当地人称为"奥运大道"，沿途串起了"北京最美的乡村"北郎中村、石家营村、庙卷村，"七彩蝶园"、奥林匹克水上公园等观光休闲景点吸引了众多游客。这也是北京郊区首次大规模建设的城市主干道，联通了昌平、顺义和平谷。

9. 怀柔区悠然山水大道（东西路-滦赤路-京加路-小中路）

这条路全长97.5公里，贯穿"白河湾"、"天河川"两条沟域经济产业带，集农家美食、休闲养生、探险体验等为一体，途经"北京最美的乡村"双文铺、东帽湾及"天河公园"、"滨水沙滩公园"、"湿地公园"、"南天观澜"、"白河翠堤"等多处景观。

10. 大兴区庞安路都市型现代农业观光产业带

这条路西起京开高速公路，东至采育镇凤河营，全长27.5公里，将区内西瓜、梨、桑和葡萄四大产业片区连成了一体，形成了以农业科技观光园、古树公园、西瓜产业中心为代表的观光休闲点，"北京最美的乡村"张家场村沿线而立，向西可达拥有10万多棵梨树的"梨花村"。

古村风情
——北京市国家级传统村落

传统文化的根基在农村，传统村落保留着丰富多彩的文化遗产，是承载和体现中华民族传统文明的重要载体。按照住房城乡建设部等部门提出的传统建筑风貌完整、村落选址和格局保持传统特色、非物质文化遗产活态传承三个认定标准，本市有13个村入选第一批、第二批中国传统村落名录。分别是：

房山区南窖乡水峪村
门头沟区龙泉镇琉璃渠村
门头沟区龙泉镇三家店村
门头沟区斋堂镇爨底下村
门头沟区斋堂镇黄岭西村
门头沟区斋堂镇灵水村
门头沟区雁翅镇苇子水村
顺义区龙湾屯镇焦庄户村
延庆县八达岭镇岔道村
门头沟区大台街道办事处千军台村
门头沟区斋堂镇马栏村
昌平区流村镇长峪城村
密云县新城子镇吉家营村

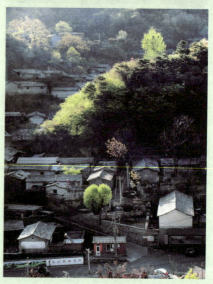

《美丽乡村》杂志

ios系统　　　安卓系统

"新空间"视频网站

ios系统　　　安卓系统

"北京美丽乡村"网
www.bjmlxc.cn

图书在版编目（CIP）数据

北京美丽乡村休闲攻略 / 北京市委农工委主编. ——
北京：经济日报出版社，2014.1
ISBN 978-7-80257-584-4

Ⅰ.①北… Ⅱ.①北… Ⅲ.①乡村–旅游指南–北京
市 Ⅳ.①K928.91

中国版本图书馆CIP数据核字(2013)第299271号

北京 美丽乡村 休闲 攻略

编	中共北京市委农村工作委员会
	北京市农村工作委员会
	北京市旅游发展委员会
	首都精神文明建设委员会办公室
	北京市文化局
	北京市园林绿化局
撰　　稿	本书采写组
责任编辑	肖小琴
责任校对	颜贺华
出版发行	经济日报出版社
地　　址	北京市西城区右安门内大街65号(邮政编码:100054)
电　　话	010-63567960（编辑部）63588445（发行部）
网　　址	www.edpbook.com.cn
E－mail	edpbook@126.com
经　　销	全国新华书店
印　　刷	中国电影出版社印刷厂
开　　本	1/16
印　　张	21.5
面　　数	342面
版　　次	2014年1月第一版
印　　次	2014年1月第一次印刷
书　　号	ISBN: 978-7-80257-584-4
定　　价	38.00元